༄༅། མཁས་པའི་ཚུལ་ལ་འཇུག་པའི་སྒོ་ཞེས་བྱ་བའི་
བསྟན་བཅོས་བཞུགས་སོ།།

Gateway
to
Knowledge

VOLUME IV

RANGJUNG YESHE BOOKS • *www.rangjung.com*

PADMASAMBHAVA: *Treasures from Juniper Ridge* • *Advice from the Lotus-Born* •
Dakini Teachings • *Following in Your Footsteps: The Lotus-Born Guru in Nepal*
• *Following in Your Footsteps: The Lotus-Born Guru in India* • *Followig in Your
Footsteps: The Lous-Born in Tibet, Vol. 3*

PADMASAMBHAVA AND JAMGÖN KONGTRÜL:
The Light of Wisdom, Vol. 1, Vol. 2, Vol. 3, Secret, Vol. 4 & Vol. 5

PADMASAMBHAVA, CHOKGYUR LINGPA, JAMYANG KHYENTSE WANGPO,
TULKU URGYEN RINPOCHE, ORGYEN TOBGYAL RINPOCHE, & OTHERS
Dispeller of Obstacles • *The Tara Compendium* •
Powerful Transformation • *Dakini Activity*

YESHE TSOGYAL: *The Lotus-Born*

DAKPO TASHI NAMGYAL: *Clarifying the Natural State*

TSELE NATSOK RANGDRÖL: *Mirror of Mindfulness* • *Heart Lamp*

CHOKGYUR LINGPA: *Ocean of Amrita* • *The Great Gate* • *Skillful Grace* •
Great Accomplishment • *Guru Heart Practices*

TRAKTUNG DUDJOM LINGPA: *A Clear Mirror*

JAMGÖN MIPHAM RINPOCHE: *Gateway to Knowledge, Vol. 1, Vol. 2,
Vol. 3, & Vol. 4*

TULKU URGYEN RINPOCHE: *Blazing Splendor* • *Rainbow Painting* •
As It Is, Vol. 1 & Vol. 2 • *Vajra Speech* • *Repeating the Words of the Buddha* •
Dzogchen Deity Practice • *Vajra Heart Revisited*

ADEU RINPOCHE: *Freedom in Bondage*

KHENCHEN THRANGU RINPOCHE: *Crystal Clear*

CHÖKYI NYIMA RINPOCHE: *Bardo Guidebook* •
Collected Works of Chökyi Nyima Rinpoche, Vol. 1 & Vol. 2

TULKU THONDUP: *Enlightened Living*

ORGYEN TOBGYAL RINPOCHE: *Life & Teachings of Chokgyur Lingpa* •
Straight Talk • *Sublime Lady of Immortality*

DZIGAR KONGTRÜL RINPOCHE: *Uncommon Happiness*

TSOKNYI RINPOCHE: *Fearless Simplicity* • *Carefree Dignity*

MARCIA BINDER SCHMIDT: *Dzogchen Primer* • *Dzogchen Essentials* •
Quintessential Dzogchen • *Confessions of a Gypsy Yogini* •
Precious Songs of Awakening Compilation

ERIK PEMA KUNSANG: *Wellsprings of the Great Perfection* •
A Tibetan Buddhist Companion • *The Rangjung Yeshe Tibetan-English
Dictionary of Buddhist Culture & Perfect Clarity*

Gateway
to
Knowledge

The treatise entitled
The Gate for Entering the Way of
a Pandita

by
Jamgön Mipham Rinpoche

VOLUME IV

Translated from the Tibetan by
JAMES GENTRY & ERIK PEMA KUNSANG

RANGJUNG YESHE PUBLICATIONS
Kathmandu, Nepal

Rangjung Yeshe Publications

www.rangjung.com
www.lotustreasure.com

1 3 5 7 9 8 6 4 2

First published edition 2012

Printed in the United States of America

Publication Data:

Jamgön Mipham Rinpoche (*Mi pham 'Jam dbyangs rNam rgyal rGya mtsho*
1846-1912). Translated from the Tibetan by Erik Pema Kunsang
(Erik Hein Schmidt) and James Gentry.
Edited by Marcia Binder Schmidt, with Kerry Moran.

1st EDITION.

Title: *Gateway to Knowledge, The treatise entitled
The Gate for Entering the Way of a Pandita.*

Tibetan title: *mkhas pa'i tshul la jug pa'i sgo zhes bya ba'i bstan bcos bzhugs so.*

ISBN 978-962-7341-68-0 (pbk.)

1. Gateway to Knowledge, Vol. IV. 2. Eastern philosophy — Buddhism.
3. Abhidharma — Tibet. I. Title.

Book Design and typeset by Lea Ortet

TABLE OF CONTENTS

Contents of the previous three volumes

PART ONE

THE FOUR SEALS OF THE DHARMA

འདུ་བྱེད་ཐམས་ཅད་ནི་མི་རྟག་པའོ།།

དེ་ལྟར་མཁས་པར་བྱ་བའི་གནས་བཅུའི་དོན་ལེགས་པར་རྫོགས་ནས། དེ་དག་གི་རྟོགས་
བྱའི་སྙིང་པོ་ཆོས་ཀྱི་སྒོམ་བཞིའི་དོན་རིགས་པས་གཏན་ལ་དབབ་པ་ནི།   མདོ་ལས།
འདུ་བྱེད་ཐམས་ཅད་ནི་མི་རྟག་པའོ། །ཟག་པ་དང་བཅས་པ་ནི་སྡུག་བསྔལ་བའོ། །ཆུ་
དང་ལས་འདས་པ་ནི་ཞི་བའོ། །ཆོས་ཐམས་ཅད་ནི་སྟོང་ཞིང་བདག་མེད་པའོ། །ཞེས་
གསུངས་པ་བཞིན། དང་པོ་འདུ་བྱེད་པ་ཞེས་པ། ཆོས་གང་ཞིག་རྒྱུ་རྐྱེན་གྱིས་འདུ་བྱེད་
པ་ཅན་ནམ་འདུས་བྱས་སུ་གཏོགས་པ་གང་ཅི་ཡང་རུང་བ་དེ་ཐམས་ཅད་ནི་སྐད་ཅིག་གིས་
སྐྱེ་ཞིང་འཇིག་པས་མི་རྟག་པ་ཡིན་པར་ཤེས་པར་བྱ་སྟེ།   གང་ཞིག་རྒྱ་ལས་མ་བྱུང་བ་
ནི་མ་སྐྱེས་ལ། གང་སྐྱེས་པ་དེ་དག་ནི་རྒྱུ་རྐྱེན་དེ་དག་མ་ཚོགས་པའི་སྔ་རོལ་ན་མེད་ཅིང་
རྒྱུའི་ཚོགས་པ་ཆང་བའི་དེ་མ་ཐག་ཏུ་སྐྱེ་བའི་སྐད་ཅིག་དང་པོ་འགྲུབ་ལ།   དེ་ཡང་རང་
གྲུབ་པའི་དུས་ལས་སྐད་ཅིག་གཉིས་པར་མི་གནས་པར་འགག་ཅིང་།   རིམ་པས་རྒྱའི་
ཚོགས་པ་མ་ལོག་པ་དེ་སྲིད་དུ་སྦྲ་མ་དང་འདྲ་བའི་རྒྱུན་བར་མ་ཆད་པར་འཇུག་པ་དེ་ལ།
བྱིས་པ་རྣམས་ཀྱིས་དངོས་པོ་དེ་བྱུང་ནས་མ་ཞིག་བར་དུ་རྟག་པའི་སྐྱམ་དུ་འཁྲུལ་བར་བཟུང་
གི། དོན་ལ་འབབ་ཆུ་དང་མར་མེའི་མེ་ལྕེ་ལ་སོགས་པ་བཞིན་དུ།

23

ALL CONDITIONED THINGS
ARE IMPERMANENT

Having thoroughly explained in the above manner the meaning of the ten topics to be learned in, I shall now by means of reasoning resolve the meaning of the four seals of the Dharma, which is their essence to be realized.

The sūtras state:

> All conditioned things are impermanent.
> The defiled is suffering.
> Nirvana is peace.
> All phenomena are empty and absent of self.

In accordance with this statement, first, a "conditioned thing" is any phenomenon whose formation is through causes and conditions or belongs to the category of composite things. Understand that all of them—no matter which—are impermanent because they arise and cease moment by moment. Anything that has not emerged from causes has not arisen. Things that have arisen were absent before their causes and conditions came together, and formed the first moment of arising, immediately after their causes came together in full. In the next instant—after their moment of formation—they do not remain but cease. As long as the collection of their causes has not relented, one encounters a continuity that successively resembles the previous.

Immature beings may think that a thing is permanent from when it emerges until it collapses. They are simply mistaken. In reality, just like a waterfall, the flame of a butter lamp, and the like, everything—the

བེམ་པོར་གྱུར་པ་ཕྱི་སྟོད་དང་ནང་གི་ལུས་དང་ཉེས་པས་བསྐུས་པ་སེམས་སེམས་བྱུང་
ཐམས་ཅད་ཀྱང་སྐད་ཅིག་གིས་སྐྱེ་འགག་བྱེད་པ་སྟེ། འདི་ལྟར་སྒྲོག་དང་རྒྱུ་བུར་སྦྱིན་
སོགས་ནས་ལྔན་པོའི་བར་གྱི་དངོས་པོ་རྣམས་གནས་པའི་ཡུན་རིང་བྱུང་ཇེ་ལྟར་སྐུང་
ཡང་། སྐད་ཅིག་མའི་རང་བཞིན་དུ་འདུ་བར་ཉེས་པར་བྱའོ། །དེ་ཅིའི་ཕྱིར་ཞེ་ན། དངོས་
པོ་འདིའི་དག་མཐར་འཇིག་པ་དང་། རྒྱུན་གྱི་གནས་པར་སྐྱབས་མི་འདུ་བར་མཐོང་བས
ཉེས་ཏེ། སྐད་ཅིག་དང་པོའི་གནས་པར་སྐྱབས་དེ་ལས་གཞན་དུ་མ་འགྱུར་ན། མཐར
འཇིག་པ་དང་། བར་དུ་མི་འདུ་བའི་བྱུང་པར་གཞན་ཡོད་པར་མི་རིགས་ཏེ། རྟག་ཏུ་ད
ལྟར་བྱུང་མ་ཐག་པའི་སྐད་ཅིག་དང་པོ་དེ་བཞིན་དུ་གནས་པར་འགྱུར་རིགས་ན་ཡང་། དེ
ལྟ་བུ་མ་ཡིན་པར་མཐོན་སུམ་གྱིས་གྲུབ་པའི་ཕྱིར་རོ། །གལ་ཏེ། དཔེར་ན། འཇིམ་པ
དང་། སྲུས་བུའི་ལག་པའི་འདུ་བྱེད་དང་། འབོར་ལོ་དང་དབྱུག་གུ་སོགས་ཀྱི་རྒྱ་ལས
བུམ་པ་སྐྱེ་ལ། སྲེས་ནས་ཇེ་སྟིང་དུ་ཐོ་བ་སོགས་འཇིག་པའི་རྒྱུ་དང་མ་འཕྲད་བར་དུ་བུམ
པ་དེ་ཉིད། རྟག་པར་གནས་སོ་སྙམ་ན། བུམ་པ་སྐད་ཅིག་དང་པོ་རྒྱ་ལས་སྲེས་པ་དེ
ཉིད་རང་གྲུབ་པའི་དུས་ལས་སྐད་ཅིག་གཉིས་པར་མི་སྡོད་པར་འགག་པའི་ཚོས་ཅན་ཡིན
གྱི། གལ་ཏེ་མི་འགགག་པར་གནས་ན་གནས་སྐྱབས་ཕྱི་མའི་བྱུང་པར་གང་ཡང་མི་སྟིང་
པར་འགྱུར་ན་ཡང་། བུམ་པ་ལའི་སོ་སྟིང་དང་། རི་མོ་དང་མདོག་དབྱིབས། ནད་དུ
རྒྱུ་ཡོད་པ་དང་མེད་པ། སྲེས་བུས་ལག་ཏུ་བཟུང་བ་སོགས་ཀྱི་བྱ་བ་བྱེད་པ་དང་མི་བྱེད་པ
སོགས་ཡུལ་དུས་ཀྱི་རྣམ་པ་མི་འདྲ་བའི་གནས་སྐྱབས་སྣ་ཚོགས་ཡོད་པའི་ཕྱིར་ན། བུམ
པ་རང་གི་དུལ་ཟུས་རྣམས་ཀྱི་ཉེར་ལེན་དང་། མི་རྒྱ་མགར་བ་སོགས་ཀྱི་ལྷན་ཅིག་བྱེད
རྐྱེན་བྱས་ནས་དངོས་པོའི་གནས་སྐྱབས་གཞན་དང་གཞན་དུ་འགྱུར་པའི་སྐད་ཅིག་མའི
ཕྱིང་བ་ཅན་དུ་ཉེས་པར་བྱའོ། །བུམ་པ་དེ་ཡུལ་དེ་ལས་མ་བསྐྱོད་ལ་རྣམ་པ་གཞན་དུ་མ
གྱུར་ཅིང་རྒྱེན་གཞན་དང་མ་འཕྲད་པའི་དུས་ན། དེ་ལ་སྐྱར་དང་མི་འདུ་བའི་ཁྱད་པར
གཞན་དངོས་སུ་མ་མཐོང་ཡང་། དུས་སྐད་ཅིག་སྟ་ཕྱིའི་ཁྱད་མེད་པ་མི་སྟིང་པས་བུམ་པ
བྱུང་ནས་ཞིག་པའི་བར་ལ

universe of physical matter outside, the body within it, and the primary and subsidiary mental states included within consciousness—are arising and ceasing moment by moment.

In this way, understand that all things—from lightning, bubbles, clouds and the like, all the way up to mountains –are alike in their momentary nature no matter how long they seem to remain.

Why is this? We know from observation that all these things perish in the end and have different occasions during their subsistence. If they did not change from the first instant, it would be unreasonable for them to perish in the end or to have separate, different features in between. This is because even if it were reasonable for things to permanently remain exactly according to the first moment following their initial emergence, the fact that such is not the case has been verified by direct perception.

Let us take the example of a pot that comes into being from the causes of clay, the forming action of a person's hands, a wheel, stick, and the rest. One may think "that very same pot continually remains, from when it came into existence until it encounters a cause of destruction, such as a hammer or the like." Now, the first moment of the pot, precisely that which arose from causes, has the nature of not remaining, but ceasing, the second moment right after it was formed. If it were to remain without ceasing it would be impossible for it to have any differences during successive moments. Yet a pot has various occasions of different spatial and temporal aspects—it ages, receives designs and color patterns, sometimes contains or does not contain water inside it, performs or does not perform the function of being held in the hand of a person, and the like. Therefore, a pot should be understood as a something formed from the confluence of the material cause of a pot's substance and the cooperating conditions of such things as fire, water and pot maker—possessing a string of moments in which its situation repeatedly changes.

When a pot is not moved such that its appearance changes, and when it does not encounter another circumstance, we do not directly observe any other feature different from before. Nevertheless, since it is impossible for it to lack differences during former and later moments of time, it should be understood to arise and cease as many

སྐད་ཅིག་ཙེ་ཙམ་ཚོགས་པ་དེ་ཙམ་གྱིས་སྐྱེ་འགག་ཆེན་དུ་ཤེས་པར་བྱའོ། །གལ་ཏེ་བྱིས་
པ་རྣམས་ཀྱིས་བུམ་པ་ཏྲག་པར་གནས་པའི་གེགས་སུ་གྱུར་པ་ནི་འཇིག་པའི་རྒྱུ་ཐོ་བ་ལྟ་
བུ་ཡིན་ལ་དེས་བུམ་པ་མི་ཏྲག་པར་བྱེད་ཀྱི་དེ་དང་མ་འཕྲད་བར་དུ་ཏྲག་གོ་སྙམ་ན། དེ་
མ་ཡིན་ཏེ་རང་སྐྱེད་བྱེད་ཀྱི་རྒྱུ་ལས་སྐྱེས་ཆད་རང་གི་ངང་གིས་སྐད་ཅིག་གིས་འཇིག་པ་
ཡིན་པས་འཇིག་པ་ལ་རྒྱུ་གཞན་མི་དགོས་སོ། །ཐོ་བས་བུམ་པའི་རྒྱུན་མི་གནས་པར་
བྱེད་པ་ནི་བུམ་པ་ཏྲག་པ་ཐོ་བས་གཏོད་བཞིག་པ་མ་ཡིན་ཏེ། ཐྲག་ན་བཞིག་མི་ནུས་
སོ། །འོན་ཀྱང་བུམ་པ་རང་ཉིད་སྐད་ཅིག་མར་འཇིག་པའི་དང་རྐྱལ་ཆན་ལ། བུམ་པའི་
སྐད་ཅིག་མཐའ་མའི་ཉེར་ལེན་དང་། ཐོ་བའི་སྐྱུན་ཅིག་བྱེད་རྐྱེན་ལས་གྱོ་མོའི་གནས་
སྐབས་བྱུང་བ། དཔེར་ན་འཇིམ་པའི་རྒྱུ་དང་ལག་པའི་འདུ་བྱེད་ཀྱི་རྐྱེན་ལས་བུམ་པ་
སྐད་ཅིག་དང་པོ་བྱུང་བ་ལྟ་བུ་ཡིན་མོད་ཀྱི་བུམ་པའི་རྣམ་པ་རིགས་འདྲ་བར་མ་ཆད་པར་
འབྱུང་བའི་རྒྱུན་འཆད་པར་བྱེད་པའི་ཐོ་བས་བུམ་པ་བཞིག་ཅེས་འཇིག་རྐྱེར་ཐ་སྙད་བྱེད་པ་
ཙམ་མོ། །རགས་པ་རྒྱུན་གྱི་མི་ཐྲག་པའི་སྲུང་རྐྱལ་ལ་བརྟེན་ནས་ཐོ་བས་བུམ་པ་བཞིག་
ཅེས་པའི་ཐ་སྙད་འདི་དོན་དང་མི་མཐུན་པ་མེད་མོད་ཀྱི། ཕྱ་བ་ཚོས་ཉིད་ཀྱི་མི་ཐྲག་པ་མ་
ཤེས་པར་བུམ་པ་རེ་ཞིག་ཐྲག་ཀྱང་འཇིག་རྒྱ་གཞན་གྱི་དབང་ཁོ་ནས་མི་ཐྲག་པར་བྱས་སོ་
སྙམ་པ་ནི་འཁྲུལ་བའོ། །དེས་ན་རྒྱུ་རྐྱེན་མི་འདུ་བ་ཆོགས་པ་ལས། དངོས་པོ་རྣམས་ཀྱི་
གནས་སྐབས་རིགས་འདུ་བ་དང་མི་འདུ་བར་འཇུག་པ་ཐམས་ཅད་རྟེན་ཅིང་འབྲེལ་འབྱུང་
གི་དང་རྐྱལ་ཆན་སྐད་ཅིག་མའི་ཕྱིང་བ་རིམ་པར་བཀོད་པ་ཉིད་ཡིན་ནོ། །དེ་ལྟར་དངོས་
པོ་རྣམས་རྒྱུ་ལས་གསར་དུ་བྱུང་ཞིང་། རྒྱུའི་འཕེན་པ་ཡོད་ཀྱི་རིང་ལ་རིགས་འདུ་བར་
མ་ཆད་དུ་གནས་པ་དང་། རྒྱུ་ལྡོག་པའི་ཚེ་མཐར་རིགས་འདུའི་རྒྱུན་ཀྱང་འགག་པའི་སྐྱེ་
འགག་གནས་གསུམ་ཆན་དུ་སྐྱུང་ལ་དེ་ཡང་རྒྱུ་གཞན་ལ་མི་ལྟོས་པར།

times as the number of instants have passed from its emergence to its collapse.

Immature beings might think that the hindrance to a pot remaining permanently is its cause of destruction, like a hammer, which makes a pot impermanent, and as long as such is not encountered it is permanent. That is not the case. Since whatever is born from the causes that produce it perishes of its own accord moment by moment its collapse does not require a separate cause.

That a hammer causes the continuity of a pot not to remain does not mean that a hammer newly destroys a permanent pot because if it were permanent it could not be destroyed.

However, regarding a pot having the character, in and of itself, of disintegrating instant by instant, the condition of shards occurs from the material cause of the final instant of a pot and the cooperating condition of a hammer. For instance, the first instant of a pot does indeed emerge from the cause of clay and the condition of being formed with hands. Yet, saying that a hammer, which interrupts the continuity of the uninterrupted emergence of a pot's similar types of appearances, has destroyed a pot is merely designating it as the cause of destruction.

Based on the apparent modality of the impermanence of a continuum on the gross level, the designation of saying "the hammer destroyed the pot" is indeed not inconsistent with fact.

However, it is mistaken to think, not understanding the impermanence of reality on the subtle level, that a pot, though permanent for the time being, is rendered impermanent only by the power of some another cause of destruction.

Therefore, all the occasions of objects encountered as similar and dissimilar in type are only the sequential arrangement of a string of moments possessing the nature of dependent arising based on the confluence of different causes and conditions.

In this way all things appear as possessing birth, subsistence and cessation. They have emerged anew from causes; they remain as an uninterrupted succession of similar types for as long as there is the impelling force of causes; and they cease as a continuity of similar types in the end when their causes relent.

རང་ཉིད་ངང་གིས་སྐད་ཅིག་གཉིས་པར་མི་གནས་པ་མི་རྟག་པའི་མཚན་ཉིད་ཅན་དུ་འཕགས་པ་རྣམས་ཀྱིས་གཟིགས་ཤིང་། དེ་ལྟར་ལུང་ལས་གསུངས་པ་བཞིན་དངོས་སྟོབས་ཀྱི་རིགས་པས་གྲུབ་པ་ཡིན་ནོ། །དེ་ལྟར་དཔྱད་ན་ཕྱི་རོལ་སྣོད་ཀྱི་འཇིག་རྟེན་རླུང་དང་ཆུ་དང་ས་དང་། རི་རབ་དང་རྡོ་རྗེའི་རྡོ་བ་ལ་སོགས་སྲ་བརྟན་གྱི་དངོས་པོར་སྣང་བ་རྣམས་ཀྱང་། སེམས་ཅན་རྣམས་ཀྱི་ལས་ཀྱི་དབང་གིས་ནམ་མཁའི་ཁམས་སུ་སྤྲིན་བཞིན་གསར་དུ་ཆགས་ལ། རེ་ཞིག་གནས་པ་དང་། མཐར་མེ་སོགས་ཀྱིས་བཤིག་སྟེ་ནམ་མཁའི་ངང་དུ་སྟོང་པར་འགྱུར་བ་ཡིན་པའི་ཕྱིར་དང་། འདི་ལྟར་གནས་བཞིན་པའི་དུས་ན་ཡང་། ཕྱི་རོལ་གྱི་འབྱུང་བ་བཞི་དང་གཟུགས་སོགས་དོན་ལྔ་པོ་རྣམས་ནི། རྐྱེན་གྱི་དབང་གིས་འཕེལ་འགྲིབ་ཅན་དུ་ཡོངས་སུ་འགྱུར་བར་དམིགས་པ་དང་། སྔོན་ལས་ཀྱི་དབང་གིས་ཡུལ་གྱི་རྣམ་པ་འགྱུར་བ་དང་། དེ་བཞིན་དུ་སྐྱེས་བུས་བཅོ་བསྒྲིག་སོགས་ཀྱི་བྱ་བ་བྱས་པ་དང་། མེ་སོགས་འབྱུང་བ་གཞན་གྱིས་གནོད་པ་དང་། དུས་ཀྱིས་རྙིང་པས་ཡོངས་སུ་འགྱུར་བ་དང་། ནང་གི་སེམས་འགྱུར་བས་ཕྱི་རོལ་གྱི་དོན་རྣམས་ཀྱང་དེ་བཞིན་འགྱུར་བ་ཏིང་འཛིན་ཐོབ་པའི་སྤྱོད་ཡུལ་ལ་སོགས་པ་ལྟ་བུས་ན། སྐད་ཅིག་མའི་མི་རྟག་པར་གྲུབ་ཀྱང་མདོག་དབྱིབས་རིག་བྱ་སོགས་ཀྱི་རྣམ་པ་མཚུངས་པའི། འདྲ་བ་གཞན་རྒྱུན་ཆགས་པའི་སྐད་ཅིག་མ་ལ་སྔ་ཕྱི་རྣམས་གཅིག་ཏུ་འཁྲུལ་ཏེ་རྟག་པར་རློམ་པར་ཟད་དོ། །ནང་སེམས་ཅན་སོ་སོའི་ལུས་དང་དབང་པོའི་རྣམ་པ་སྣ་ཚོགས་པ་ནི་གསར་དུ་ལས་ཉོན་གྱིས་བསྐྱེད་ཅིང་སྐྱེ་ལ། རིས་མཐུན་པར་གནས་པའི་མཐར་ཆེ་འཕོས་ཏེ་འགག་པ་ཡིན་པ་དང་། ད་ལྟ་གནས་བཞིན་པའི་སྐབས་སུ་ཡང་། དང་པོ་མངལ་ན་གནས་པ་དང་། བཙས་པ་དང་། བྱིས་པ་ནས། རྒས་ཤིང་འཁོགས་ཏེ་འཆི་བའི་མཐར་ཐུག་པའི་བར་དུ། ན་ཚོད་ཀྱི་གནས་སྐབས་རིམ་པས་འགྱུར་བ་དང་། བདེ་སྡུག་སོགས་ཀྱི་གནས་སྐབས་ཐ་དད་རིམ་པས་འབྱུང་བ་སྟེ། འདི་ལྟར་སེམས་ཀྱི་རྒྱུན་དང་འབྲེལ་བར་ཚོར་བས་ཟིན་པ་དང་བཅས་ཏེ། སྐད་ཅིག་རེ་རེ་བཞིན་དུ་སྔ་ཕྱི་རྒྱུ་འབྲས་སུ་འབྲེལ་བར་སྐྱེ་ཞིང་།

Yet, all things are also perceived by noble beings as possessing the character of impermanence such that by their very own nature, regardless of other causes, they do not remain for a second instant. Such has also been proven by the reasoning of the power of fact in accordance with what was taught in scripture.

This is because when examined in this way even everything that appears as solid and stable things, like the world of the external environment consisting of wind, water, earth, Mount Sumeru, diamonds, and the rest, due to the force of sentient beings' karma forms anew like a cloud in the sky, remains for a while, and finally is destroyed by fire and so forth, such that it becomes empty as the nature of space.

In this way, even while still subsiding, it is observed that the four external elements and the five sense objects of form and so forth completely change, having increases and decreases due to force of circumstance. The appearance of objects changes due to the force of previous karma. Likewise, the environment is damaged by people's actions of digging, burning and so forth, and by other elements such as fire and so forth. Objects also completely change with age, and external objects also change according to changes in internal mental states, as in the purview of one who has attained meditative absorption.

Consequently, objects are established as impermanent moment by moment. It is simply that consecutive instances, moments of ongoing separate likenesses that have similar features of color, shape, texture and so forth, are mistaken as identical and wrongly considered to be permanent.

The various types of bodies and faculties of the individual, inner contents (sentient beings) are produced and arise anew due to karma and disturbing emotions. At the conclusion of having dwelled in a certain realm, life transmigrates and the bodies and faculties cease. Even now while subsiding, from the time when one dwells in the womb, is born, and becomes a child until aging, becoming decrepit and the finality of dying, one changes with the vicissitudes of age and there successively occurs different occasions of pleasure, pain and so forth.

In this way, beings become imbued with sensations in connection with a continuity of mental states, such that in each and every moment they arise in relation to a succession of causes and effects.

སྟོན་ལས་ཀྱི་འཕེན་པ་དང་མ་ཐུན་པར། དག་པ་དང་མ་དག་པའི་སེམས་ཀྱི་རྟེན་སུ་
འདུག་པ་མ་ཐུན་པར་འགྱུར་བ་དང་། འཕེལ་འགྲིབ་དང་། མ་ཚོག་དམན་དང་། བདེ་
སྡུག་དང་། ཡུལ་དང་དུ་བ་གཞན་དང་གཞན་གྱི་གནས་སྐབས་མི་འདུ་བར་དམིགས་
པའི་ཕྱིར་སྐྱ་ཅིག་ཐ་དད་དུ་མར་ཤེས་པར་བྱའོ། །ཤེས་པས་བསྒྲུབས་པ་ཁམས་གསུམ་གྱི་
སེམས་སེམས་བྱུང་ཐམས་ཅད་ནི། རིས་འདུ་བར་ཀྱུན་འབྱུང་བ་བསམ་གཏན་གྱི་སེམས་
ལྷ་བྱའམ། མི་འདུ་བ་འདོད་པའི་སེམས་གཡེང་བ་སྣ་ཚོགས་ཅན་ལྷ་བུ་གང་ཡིན་ཡང་།
གནས་སྐབས་མི་འདུ་བ་སྣ་ཚོགས་མགྲོགས་པར་འབྱུང་ཞིང་འགྱུར་བ། དེ་མ་ཐག་ཀྱེན་
དང་དམིགས་ཀྱེན་སོགས་ཀྱེན་བཞི་པོ་སྣ་ཚོགས་མི་འདུ་བའི་རྒྱུ་ལས་ཡོངས་སུ་འགྱུར་བ་
ཅན། ཁམས་གསུམ་གྱིས་བསྡུས་པའི་རིས་ཐ་དད་པར་སྐྱེ་བའི་དུས་དང་། གང་དུ་སྐྱེས་
ནས་སོ་སོའི་ཚེ་ཚད་རྫོགས་ཀྱི་བར་ལ་དུས་མཐའི་སྐད་ཅིག་མའི་ཕྱིང་བ། སྐྱེ་འགག་རིས་
ཅན་དུ་འབྱུང་བར་རིག་པར་བྱའོ། །དེ་ལྟར་འདུས་བྱས་ཐམས་ཅད་རྒྱུ་ཀྱེན་འདུས་པའི་
སྟོབས་ཀྱིས་ས་བོན་ལས་མྱུ་གུ་སྐྱེ་བ་ལ་སོགས་པའི་ཚུལ་དུ་རིམ་པར་འགྱུར་བ་ཡིན་པས།
བསྐལ་པར་གནས་པའི་དངོས་པོ་རྫས་ཀྱང་ལོ་ཟླ་ཞག་དུས་ནས་སྐད་ཅིག་མའི་བར་གྱི་
སྐྱེ་འགག་སྡང་མཐའི་མཐོ་དམན་བཞིན་དུ་བར་ཆད་པ་མེད་པར་འཇུག་པ་ཚམ་གྱི་མི་རྟག་
པར་ཤེས་ན། འདུས་བྱས་ཀྱི་སྟོང་ཡུལ་ཀུན་ལ་མི་ཆགས་པ་དང་། ཐར་པ་ལ་མོས་པ་
དང་། སྟོང་པ་ཉིད་ཀྱི་དོན་ལ་འཇུག་པའི་རྟེན་དུ་གྱུར་པ་སོགས་ཀྱི་དགོས་པ་མཚོག་དང་
ལྡན་པས་ན། མདོ་ལས། རྟེས་ཐམས་ཅད་ཀྱི་ནང་ནས་སྐྲང་པོ་ཆེའི་རྟེས་མཚོག་ཡིན་
པ་བཞིན་དུ། འདུ་ཤེས་ཐམས་ཅད་ཀྱི་ནང་ནས་མི་རྟག་པའི་འདུ་ཤེས་མཚོག་གོ །ཞེས་
གསུངས་སོ། །

In conformity with the impelling force of former karma, they correspondingly follow pure and impure mental states, have different occasions of increase and decrease, high and low, pleasure and pain, as well as several different occasions of location and activity. Since these many differences are observed, sentient beings should be understood in terms of numerous different instances.

As for all the primary and subsidiary mental states in the three realms subsumed within consciousness, whether a continuity of similar type occurs, like the state of mind of the absorptions, or there are different types, like the state of mind in the desire realm with a variety of distractions. The various different occasions that rapidly occur and change involve complete transformation based on the many dissimilar sets of the four conditions—the immediately proceeding condition, the observed object condition and the rest. It should be understood that the time of taking birth in the different domains included within the three realms, and having been born in a particular place, the duration until one's individual lifespan is exhausted is a string of instants of finite duration that occur as successive arising and ceasing.

Since in this way all conditioned things are a fusion of causes and conditions they all gradually change in the manner of a sprout growing from a seed and so forth. Thus, even the things that remain for an eon unceasingly only participate in arising and ceasing, from the duration of years, months and days, up to that of an instant, like the fluctuations of scale's balance.

When thus understanding that they are impermanent, one becomes unattached to the whole range of conditioned things, one gains interest in liberation, and such becomes a basis for entering into the meaning of emptiness.

Endowed with these and other eminent reasons, a sutra says, "Just as the footprint of the elephant is the supreme among all footprints, likewise the notion of impermanence is the supreme among all notions." [23,2]

ཟག་པ་དང་བཅས་པ་ནི་སྡུག་བསྔལ་བའོ།།

གཉིས་པ་འདུ་བྱེད་པའམ། འདུས་བྱས་པའི་ཚོམས་སུ་གཏོགས་པ་དེ་ལ་ཟུང་ཟག་བཅས་
ཟག་མེད་གཉིས་ཡོད་པའི་ཟག་མེད་རྣམས་ནི་སྡུག་བསྔལ་གྱི་རྒྱུ་དང་རོ་བོ་དང་འབྲས་
བུས་མ་བསྒྲུབས་པའི་ཕྱིར། སྡུག་བསྔལ་མིན་ཀྱང་ཟག་པ་དང་བཅས་པ་ཐམས་ཅད་ནི་སྡུག་
བསྔལ་བ་ཉིད་དུ་གནས་ཏེ། ཅིའི་ཕྱིར་ན་སྡུག་བསྔལ་ཞེས་བྱ་བ་ནི། ལུས་དང་སེམས་
ཀྱི་མི་འདོད་པ་སིམ་པར་བྱེད་པ་མ་ཡིན་པའོ། །ཟག་བཅས་དེ་དག་ཀྱང་སྡུག་བསྔལ་
གྱི་རོ་བོའམ། དེ་དང་འབྲེལ་ཞིང་འབྲེས་ལ། དེ་སྐྱེད་པའི་སྐྱོར་འགྱུར་བའི་ཕྱིར་རོ། །ཇི་
ལྟར་ན་དང་སོང་གི་སྡུག་བསྔལ་དང་། མཚོ་རིས་ན་ཡང་སྐྱེ་རྒ་ན་འཆི་དང་། སྡུག་པ་
དང་བྲལ་བ། མི་འདོད་པ་ཐོག་ཏུ་བབ་པ། འདོད་པ་བཙལ་ཀྱང་མ་རྙེད་པ་ལས་གྱུར་པའི་
སྡུག་བསྔལ་ཆེ་ཕྲ་ཅི་ཡོད་པ་ཐམས་ཅད་བྱུང་ཚམ་ནས། དུད་འགྲོ་ཆོན་ཆད་ཀྱིས་མི་འདོད་
ཅིང་སྡུག་བསྔལ་བར་ཤེས་པ་ནི་སྡུག་བསྔལ་གྱི་སྡུག་བསྔལ་ཏེ། སྡུག་བསྔལ་གཞན་
གཉིས་ལས། འདི་ནི་རོ་བོའི་སྡུག་བསྔལ་ཉིད་དུ་ཤེས་པའི་ཆེད་དུ། སྡུག་བསྔལ་གྱི་
མིང་གཉིས་ཁྱུད་གཞི་དང་ཁྱུད་ཚོམས་སུ་སྦྱར་ཏེ་གསུངས་པ་ཡིན་ལ། མདོ་ལས། སྡུག་
བསྔལ་གྱི་སྡུག་བསྔལ་གང་ཞེ་ན། གང་སྐྱེ་བ་ན་སྡུག་བསྔལ། གནས་པ་ན་སྡུག་བསྔལ་
ལ། འགྱུར་བ་ན་བདེ་བའོ་ཞེས་གསུངས་པ་བཞིན་ནོ། །སྡུག་བསྔལ་སོ་སོའི་རྣམ་གྲངས་
ནི། དཀྲུལ་བར་ཆ་བྱུང་སོགས་ཀྱིས་མཚོན་ཏེ་ཆད་མེད་པ་ཡོད་དོ། །

24

Everything Defiling
Is Suffering

That which is included within conditioned things, or composite phenomena, is two-fold: the defiled and the undefiled.

The undefiled are not included within the causes for, the nature of, or the effect of suffering and are therefore not suffering.

However, all that is endowed with defilement remains as suffering itself. Why are such things called suffering? It is because they are undesirable for body and mind and are not satisfying.

The defiled are the nature of, connected to or mixed with suffering because they serve as the medium by which it is produced.

It is as follows: The suffering upon suffering is the sufferings of the lower realms; birth, old age, sickness and death even within the higher realms; separation from what is dear; having to encounter what is undesirable; and not achieving what is desired even when pursuing it. All the suffering that comes from these, no matter how severe or minor, is from the moment it appears undesirable and understood to be suffering even by animals.

More than the two other types of suffering, this one was taught, combining the two nouns of suffering as a basis of attribution and its attribute, for the purpose of understanding that it is suffering itself, in terms of its nature.

A sutra states, "What is the suffering of suffering? It is that which is painful when arising, painful when remaining, and pleasant when changing."

The enumerations of suffering, as indicated by the heat and cold in the hells, and so forth, are limitless.

མཚོན་པ་ཀུན་བཏུས་སུ་སྒྲུབ་པ་བྲལ་བ་སོགས་འགྱུར་བའི་སྒྲུབ་བསྒྲུབ་དུ་བསྒྲུབ་པར་གསུངས་པ་མ་ཡིན་ནམ་ཞེ་ན། ཡིན་མོད་དེ་ནི་རྣམ་ཞིག་འབྲལ་བར་འགྱུར་བའི་དོན་ལ་དགོངས་ཀྱི། འདིར་ནི་བྲལ་བ་སོགས་ཀྱི་སྒྲུབ་བསྒྲུབ་སྟོང་བཞིན་པའི་ཆ་ནས་བརྗོད་པའོ། །འགྱུར་བའི་སྒྲུབ་བསྒྲུབ་ནི་མཐོ་རིས་སོགས་འཇིག་རྟེན་གྱི་ཁམས་གང་ན་ཡང་། ཐག་པ་དང་བཙས་པའི་གནས་ལུས་ལོངས་སྤྱོད་བདེ་བའི་རྣམ་པ་རྗེ་ལྟ་བུར་སྐྱང་ཡང་། དེ་བཞིན་དུ་ཧྲག་མི་སྒྲུབ་པར་མཐར་འགྱུར་བ་ལོ་ནར་ངེས་ཏེ་མཐབ་བཞིས་བསྒུས་པ་ལས་མ་འདས་པའོ། །འགྱུར་བའི་ཆེན་སྤྱར་གྱི་བདེ་བ་དེ་ཉིད་ཡིད་གདུང་བའི་རྒྱར་འགྱུར་བ་ནི། བུ་ཕི་བའི་སྨྲན་ལྟ་བུ་སྟེ། བུ་མ་བྱུང་ན་དེ་ཕི་བའི་སྨ་ངན་ཡང་མི་འབྱུང་བ་བཞིན་ནོ། །དེ་ཡང་མདོ་ལས། འགྱུར་བའི་སྒྲུབ་བསྒྲུབ་ནི་སྐྱེ་བ་ན་བདེ། གནས་པ་ན་བདེ་ཡང་འཇིག་པ་ན་སྒྲུབ་བསྒྲུབ་བོ། །ཞེས་གསུངས་སོ། །དེས་ན་བདེ་བ་ཆེ་ཕྲ་གང་སྟོང་ཡང་ལྟ་མ་རིག་པས་འགགས་ནས་ཕྱི་མ་རིག་པས་སྐྱེ་ལ་མཐར་རྒྱན་འགག་པས་མ་བསྒུས་པ་མེད་པའི་ཕྱིར། ཡིན་བརྟན་དུ་མི་རུང་བ་སྟོན་དུས་ཀྱི་སྙིན་དགར་མཛེས་པ་དང་འདའ། འདོད་ཡོན་གྱི་བདེ་བ་ལ་ཆགས་པའི་སྟོ་ནས་དང་སོང་སོགས་ཀྱི་སྒྲུབ་བསྒྲུབ་མི་བཟད་པ་མང་པོ་འགྲུབ་པ་དང་། ཐར་པའི་ལམ་ལ་འཇུག་པའི་གེགས་བྱེད་པ་སོགས་ཀྱི་ཉེས་པའི་དེ་མ་དང་འཇིགས་པའི་ཐག་བཅས་ཀྱི་བདེ་བ་ནི་མཆོག་ཆུང་ལ་ཉེས་དམིགས་ཆེ་བའོ། །འདུ་བྱེད་ཀྱི་སྒྲུབ་བསྒྲུབ་ནི་ཐག་བཅས་ཉེར་ལེན་གྱི་ཕུང་པོ་ཡིན་ཕར་ཆད། གནས་སྐབས་བདེ་ཡང་རུང་སྒྲུབ་བསྒྲུབ་ཀྱང་རུང་། བདང་སྐོམས་སུ་གྱུར་ཀྱང་རུང་སྟེ། དེའི་སྐད་ཅིག་མའི་ཆ་ཐམས་ཅད་ཕྱུང་པོ་ཕི་མའི་ཉེར་ལེན་གྱི་རྒྱ་བྱེད་པས་ན་མ་འོངས་པའི་སྒྲུབ་བསྒྲུབ་ཐམས་ཅད་ཀྱི་འབྱུང་གནས་སུ་གྱུར་པའི་ཕྱིར། དུག་ཅན་གྱི་ཟས་དང་། འབྲས་ཀྱི་ནད་གཟོད་སྙིན་འགྱུར་དང་། གསོད་སར་གོམ་པ་འདོར་བའི་གྲངས་བཞིན་འཆེ་བའི་སྒྲུབ་བསྒྲུབ་ལ་ཇེ་ཉེར་སོང་བ་ལྟར། སྒྲུབ་བསྒྲུབ་ཀྱི་རྒྱར་གནས་པ་ལ་དགོངས་ནས། བཅོམ་ལྡན་འདས་ཀྱིས། འདུ་བྱེད་ཀྱི་སྒྲུབ་བསྒྲུབ་ནི་སྐྱེ་བ་དང་གནས་པ་དང་འཇིག་པ་ན་ཡང་སྒྲུབ་བསྒྲུབ་དུ་མི་མཚོན་མོད་ཀྱི། ཞེན་ཀྱང་སྒྲུབ་བསྒྲུབ་ཀྱི་རྒྱར་གྱུར་པའོ། །ཞེས་གསུངས་པ་ལྟར།

Is it not taught in the *Abhidharma-samucchaya* that the separation from what is dear and so forth are included under the 'suffering of change?' Such is indeed the case, but that was intended to mean that one will be separated from it at some point. Here it is mentioned in terms of the suffering of separation while it is being experienced.

The suffering of change means that no matter what kind of pleasant defiled dwelling place, body or enjoyment appears in any of the worldly domains, such as the higher realms and so forth, it will never be able to last in that same way but is sure to eventually change. This is because these are not beyond inclusion within the four outcomes of impermanence.

When changing, the previous pleasure itself becomes a cause of torment, just like the sorrow at the death of one's child. If one had not had a child, there would also be no sorrow from his death.

Regarding this a sutra says, "The suffering of change is that which is pleasant when arising, pleasant when remaining, but painful when ceasing."

Consequently, no matter what the intensity of pleasure experienced, its previous moments gradually cease while its subsequent moments gradually arise such that its continuity eventually ceases. Nothing is beyond that. Therefore it is unreliable like a beautiful white autumn cloud.

By being attracted to sense pleasures the numerous unbearable miseries of the lower realms and so forth are created and entry into the path of emancipation is thwarted.

Defiled pleasure mixed with the stains of these and other faults has little advantage and great shortcomings.

The suffering of conditioned being is that once implicated in the aggregates that perpetuate defilements, no matter whether there is temporary pleasure, pain, or neutrality, all aspects of their instants form the material cause for perpetuating future aggregates. Consequently, it is the source of all future suffering. Considering its presence as the cause of suffering, like a poisoned meal, a tumor that grows with time, or getting closer and closer to the pain of death with each footstep toward the scaffold, the Blessed One said: "The suffering of conditioned being is not evident when it arises, remains or ceases. Yet, it is the cause

ཟག་བཅས་འདུ་བྱེད་ཀྱི་རྒྱུན་གྱི་ཆ་མཐའ་དག་ལ་འདིས་མ་ཁྱབ་པ་མེད་པས་ཁྱབ་པ་འདུ་
བྱེད་ཀྱི་སྡུག་བསྔལ་འདི་ལ་བསམ་ན། འཁོར་བར་ཁབ་ཀྱི་རྩེ་ཚམ་ཡང་། །འདི་བ་ནམ་
ཡང་ཡོད་མ་ཡིན། །ཞེས་གསུངས་པ་བཞིན་དུ། འཁོར་བ་མཐའ་དག་མེའི་འོབས་དང་
སྦྲུལ་མོའི་གྲིང་ལྟ་བུར་ཡིད་འབྱུང་བའི་གནས་སུ་འཕགས་པ་རྣམས་ཀྱི་ཞེས་རབ་ཀྱི་སྤྱན་
གྱིས་གཟིགས་ལ། བྱིས་པ་རྣམས་ཀྱིས་འདུ་བྱེད་ཀྱི་སྡུག་བསྔལ་ལ་སྡུག་བསྔལ་ཉིད་དུ་
མི་ཤེས་ཤིང་། དེར་མ་ཟད་སྐྱེ་བ་དང་འདུས་པ་དང་འོངས་སྤྱོད་སོགས་འདོད་པ་ཁོ་ནར་
འཕེན་ཏེ། དེ་དག་གི་མཐར་འབྱུང་ངེས་པའི་འཆི་བ་སོགས་ལ་བསམ་དཔྱད་མེད་པར་
འཇུག་པ་ཡིན་པས། འགྱུར་བའི་སྡུག་བསྔལ་གྱི་རང་བཞིན་དག་ཀྱང་ཅུལ་བཞིན་ཡིད་
ལ་མི་བྱེད་དོ། །སྡུག་བསྔལ་གསུམ་གྱི་རང་བཞིན་འདི་དག་གིས་ཡོངས་སུ་བཅིངས་
བའི་ཕྱིར། ཟག་བཅས་ཀྱི་ཕུང་པོ་ཐམས་ཅད་སྡུག་བསྔལ་གྱི་ངོ་བོའམ། སྡུག་བསྔལ་
དང་འབྲེལ་བ་དང་། སྡུག་བསྔལ་གྱི་རྒྱར་གྱུར་པའི་ཆ་ནས། སྡུག་བསྔལ་འཕགས་པའི་
བདེན་པ་ཚོགས་པར་འགྱུར་ཏེ། དོན་དེ་ལྟ་བུའི་དབང་གིས་ཟག་བཅས་ཐམས་ཅད་སྡུག་
བསྔལ་བར་གསུངས་སོ། །དེ་ལྟར་ཤེས་ན་འཁོར་བའི་རང་བཞིན་ལས་ངེས་པར་འབྱུང་
བའི་བསམ་པ་སྐྱེ་ཞིང་ཐར་པ་ཡང་དག་པའི་ལམ་ལ་འཇུག་པར་འགྱུར་རོ། །

of suffering." Accordingly, since there is nothing among all aspects of the continuity of defiled conditionality that is untouched by this [128B], it is the all-pervasive suffering of conditioned being.

When considering this, all noble beings with their eye of wisdom see the whole of cyclic existence as something to be renounced, like a pit of fire or an island of cannibals, as in the statement: "On the needle point of cyclic existence there is never any pleasure."

However, immature beings do not understand the suffering of conditioned being as suffering. They wallow in only their desires for births, meetings, enjoyments, and the like, engaging in them without consideration or discernment for the death and so forth that will surely come at their conclusion. Thus, they do not properly bring to mind even the nature of the suffering of change.

Because of being completely fettered by the nature of the three types of suffering, all defiled aggregates are the nature of suffering, connected to suffering, or the causes of suffering. From this perspective, the noble truth of suffering will be understood. For it is with respect to such a meaning that it was taught that everything defiled is suffering.

When understood in this way, the wish for deliverance from the nature of cyclic existence arises and one enters the authentic path to emancipation.

རྒྱུ་དང་ལས་འདས་པ་ནི་ཞི་བའོ།།

གསུམ་པ་ནི་བཞད་མ་ཐག་པ་ལྟར་ཐག་པ་དང་བཅས་པའི་ཕུང་པོ་སྲོག་བསྐྱལ་བར་ཤེས་
ནས། དེའི་རྒྱུ་ཀུན་འབྱུང་རྣམས་ཡང་དག་པའི་གཉེན་པོས་སྤངས་བ་ལས་ཐག་བཅས་
རྒྱུ་འབྲས་གཏན་དུ་ལོག་པའི་ཐར་པ་རྒྱུ་དང་ལས་འདས་པ་ནི་ཞི་བ་ཡིན་ཏེ། འཁོར་བའི་
སྡུག་བསྔལ་གྱི་རྣམ་པ་ཐམས་ཅད་གཏན་དུ་བྲལ་བའི་རང་བཞིན་གྱི་གོ་འཕང་དམ་པ་
ཡིན་པའི་ཕྱིར་རོ། །དེ་ལྟར་ཡང་རིགས་པས་གྲུབ་སྟེ། འཁོར་བའི་ཕུང་པོ་སྐྱེག་བསྒྱུལ་
གྱི་གནས་སྐབས་ཅན་འདི་དག །ཧྲག་པ་དང་གཞན་དུ་མི་འགྱོ་བ་ནི་མ་ཡིན་གྱི། རྣམ་
པ་སྣ་ཚོགས་སུ་རེས་འགའར་བར་འབྱུང་བའི་ཕྱིར་འདི་དག་རྒྱུ་དང་ལྡན་པར་རྗེས་སུ་དཔོག་
རྣས་ལ། རྒྱུ་དེ་ཡང་དབང་ཕྱུག་སོགས་ཀྱིས་བྱེད་པ་ལ་རིགས་པས་གནོད་པ་ཡོད་ཅིང་།
ལས་ཉོན་ལས་བྱུང་བ་ལ་རིགས་པས་འཐད་པ་མཐོང་བས་ན། གདུལ་བུ་རྣམས་ལ་ཐབ
པའི་ཐབས་སྟོན་པའི་བརྗེ་བ་དང་། ཤེས་བྱའི་རང་བཞིན་ཕྱིན་ཅི་མ་ལོག་པར་གཟིགས་
པའི་མཁྱེན་པ་དང་ལྡན་པའི་སྟོན་པ་ཁྱུད་པར་ཅན། ཆད་མའི་སྐྱེས་བུ་དེ་བཞིན་གཤེགས་
པས་བསྟན་པའི་རྗེས་སུ་ཞུགས་པའི་ཤེས་རབ་ཀྱིས་དཔྱད་ན། གང་ཞིག་ལས་རྣམས་
གསོག་པར་བྱེད་པའི་ཉོན་མོངས་པ་ཐམས་ཅད་ནི་བདག་ཏུ་ལྟ་བའི་རྩ་བ་ཅན་དུ་ཤེས་ཤིང་།
བདག་ཏུ་འཛིན་པའི་ཡུལ་འཛམ་བདག་ཅེས་པ་དེ་ཉིད་ལ་བརྟག་པའི་ཚེ། ཐག་ཁྲ་ལ
སྤྱུལ་བཞིན།

25

NIRVANA IS PEACE

Thirdly, having understood as just explained that the defiled aggregates are suffering, nirvana or emancipation, which is to have permanently repealed defiled causes and effects through relinquishing the causes of suffering, the origins, by means of the correct antidotes, is peace. This is because it is the sublime state that is the nature of being permanently free from all aspects of samsaric suffering.

This has also been established through reasoning. Since these samsaric aggregates, which possess the occasion of suffering, are not permanent and immutable, but emerge occasionally and in various kinds of forms, it can be inferred that they have causes.

Likewise it can be seen that for such causes to be created by the likes of a God is problematized by reasoning, while for such causes to have emerged based on karma and disturbing emotions is proven correct by reasoning.

Thus, if one were to analyze this with discriminating knowledge consistent with what was taught by the Thus Gone One—the authoritative being who is the exalted teacher endowed with the love who teaches methods that benefit all those to be tamed, and the wisdom, which unerringly perceives the nature of knowable things— one would then understand that all the disturbing emotions by which karmic actions are accumulated are rooted in the view of self. When examining the object that one clings to as self, that very thing called 'I' or 'self,' one discovers the certainty that just as a mottled rope is only assumed out of confusion to be a snake, it is likewise imputed and only assumed out of confusion that a self exists based

གདགས་པའི་གཞི་ཡུང་པོ་ལྭ་ཡི་རྒྱུན་དང་ཚོགས་པ་ལ་བརྟེན་ནས་བཏགས་ཤིང་བདག་

ཡོད་པར་འཁྲུལ་བས་རྟོམ་པ་ཙམ་དུ་ངེས་པ་སྟེད་ནས་འཇིག་ཚོགས་ལ་ལྭ་བ་དེ་ཉིད་

བདག་མེད་རྟོགས་པའི་ཤེས་རབ་ཀྱིས་རྩད་ནས་སྤངས་པ་ལས། ཋག་བཅས་རྒྱ་འབྲས་

གཏན་དུ་ཁེགས་པའི་འགོག་པ་ཡོད་པར་རིགས་པ་རྣམ་དག་གིས་གྲུབ་པ་ཡིན་ནོ། །ཐར་

པ་དེ་ལ་ཡང་ཡོངས་སུ་མ་རྟོགས་པ་རེ་ཞིག་ཞི་བ་ཕྱོགས་གཅིག་པའི་མཐའ་ལ་གནས་

པ་ཉན་རང་གི་འབྲས་བུ་ཐེག་དམན་མྱང་འདས་དང་། ཡོངས་སུ་རྟོགས་པ་བདག་མེད་

གཉིས་རྟོགས་ཀྱི་མཁྱེན་པ་མཐར་ཕྱིན་པ་སྱིད་ཞིར་མི་གནས་པའི་མྱང་འདས་ཐེག་པ་ཆེན་

པོའི་ལམ་གྱིས་འཐོབ་བྱ་བླ་ན་མེད་པའི་འབྲས་བུ་སངས་རྒྱས་ཀྱི་ས་སྟེ་གཉིས་སུ་ཡོད་

པའང་རིགས་པའི་ལམ་གྱིས་མཐོང་བར་འགྱུར་རོ། །དེ་ལས་སྤྱངས་རྟོགས་ཡོངས་སུ་མ་

རྟོགས་པས་དམན་པ་ཉན་རང་གི་མྱང་འདས་ཀྱང་། ཉོན་མོངས་པའི་སྒྲིབ་པ་སྤངས་པའི་

ཕྱིར། ས་བོན་བསྲེགས་པ་སྨྱུར་མི་སྐྱེ་བ་ལྟར་འཁོར་བ་གཏན་དུ་ལོག་པས་ཐར་པ་ཡང་

དག་པ་ཡིན་ནོ། །གལ་ཏེ་སྐྱེ་བོ་རྣམས་ཀྱི་རྒྱུད་ལ་ལམ་འབྱུང་བ་བཞིན། ལམ་གོམས་

པ་མཐར་ཕྱིན་པའི་རྒྱུད་ལ་ཡང་སྒྲོན་རྣམས་འབྱུང་ངར་སྒྱམ་ན་མ་ཡིན་ཏེ། འདི་ལྟར་

སེམས་ཀྱི་གཞིས་ལ་བདག་ལྭ་སོགས་ཀྱི་སྒྲོན་འཕལ་མི་རུང་བ་ཉིད་དུ་མ་གྲུབ་ཀྱང་ཐག་

ཁྲ་ལ་སྤྲུལ་བཞིན་སེམས་རྐྱེན་གྱིས་རེ་ཞིག་གོལ་བ་ཙམ་ཡིན་ལ། དེ་རྩོག་བྱེད་གཉེན་པོ་

བདག་མེད་སྤོགས་ཀྱི་དོན་མཐོང་པའི་རྐྱེན་རྟེན་པར་གྱུར་པའི་དུས་ན་ཡང་། སྱུང་བས་

མྱུན་པ་བསལ་བ་ལྟར་བདག་ལྭ་སོགས་སྒྲོན་གྱིས་མི་རྩྱགས་ན། གཉེན་པོ་གོམས་པས་

མཐར་ཕྱིན་པའི་དུས་ན་སྤོས་ཅི་དགོས་ཏེ། བློ་གཉིས་པའི་དང་ཙན་ལས། སྒྲོག་བྱེད་ཀྱི

རྒྱུ་མཚན་མི་སྱིད་དོ། །

on the continuity and confluence of the five aggregates, the basis of imputation.

It is thus proven by correct reasoning that based on having completely relinquished this belief in the transitory collection by means of the knowledge that realizes selflessness; there is a cessation that is a permanent negation of defiled causes and effects.

It is also seen through the path of reasoning that emancipation is twofold. There is the nirvana of the lesser vehicle, the incomplete fruition of the shravakas and pratyekabuddhas who temporarily dwell in the extreme of temporary quiescence.

There is also the state of buddhahood, the complete unexcelled fruition attained by means of the path of the Mahayana path, the nirvana of those who dwell in neither existence nor quiescence, the culmination of the knowledge that realizes the twofold selflessness.

Among these two types of emancipation, the nirvana of shravakas and pratyekabuddhas is inferior because abandonment and realization have not been perfected. However, due to having relinquished the obscuration of disturbing emotions, just as a burnt seed grows no further, cyclic existence is permanently repealed. Thus, this too is an authentic emancipation.

One might wonder if, just as the path can arise in the mind stream of ordinary beings, the defects might also arise in the mind stream of one who has reached the culmination of training in the path. Such is not the case.

In this way, it has not been established as an impossibility for the nature of mind to be free of the faults of belief in self and the rest. However, like mistaking a mottled rope for a snake, the mind only temporarily errs due to circumstances.

Even when one has obtained the conditions for seeing the meaning of selflessness and the like, the remedy that averts faults, just as light removes darkness, one will no longer be impaired by faults like the belief in self. Thus, there is no need to mention when one has reached perfection through training in the remedy. For it is impossibility for there to be a reason for one to be averted from a mentality endowed with the nature of the remedy.

དེ་གང་ཞིན་བདག་མེད་སོགས་གཉིས་པོ་རྣམས་ནི་འཁོར་བའི་ཕྱག་བསྒུལ་རྒྱུ་འབྲས་ཀྱི་
ཉེས་པའམ། འཚོ་བ་མེད་པ་ཡིན་པས་འབད་རྩོལ་གྱིས་དེ་ལས་བློ་ལྡོག་པར་མི་བྱེད་ལ།
འཚོ་བ་མེད་དུ་ཟིན་ཀྱང་། རིགས་པས་གཏོད་པ་ཡོད་ན་འདོར་སྙིད་པ་ལ། དེ་ནི་ཡང་
དག་པའི་དོན་རིགས་པས་གྲུབ་པ་ཡིན་པས་རྣམ་ཡང་གཏོད་པ་མཐོང་ནས་འདོར་མི་སྙིད་
པ་དང་། འབད་པས་མི་བསྐྲོག་ལ། རིགས་པས་གཏོད་པ་མེད་ཀྱང་བརྗེད་ངས་སོགས་
ཀྱི་བློ་ལྡང་གཉིས་པོ་བྲལ་ནས་རྣམས་པའང་མི་སྙིད་དེ། གོམས་པ་མཐར་ཕྱིན་པའི་དུས་
ན། བློ་ཉིད་དང་གིས་གཉིས་པོའི་ངོ་བོ་ཉིད་དམ། རང་བཞིན་དུ་གྱུར་པ་འབའ་ཞིག་ལ་
མི་མཐུན་ཕྱོགས་སྦྱོ་འདོགས་ཀྱི་འཇིན་སྟངས་རྣམས་ཀྱིས་འབད་དུ་ཉིན་ཀྱང་བསྐྲོག་མི་
ནུས་ཏེ། བློས་གཉིས་པོ་ཡང་དག་པའི་ཕྱོགས་མི་གཏོང་བར་འཇིན་པ་ནི། ཐག་ཁྲ་ལ་
སྦྱལ་མེད་ཞེས་པའི་བློ་ལ་སྦྱལ་འཇིན་གྱིས་སྐབས་མི་ཐོབ་པ་བཞིན་ནོ། །དེ་ལྟར་ཡང་རྣམ་
འགྲེལ་ལས། འཚོ་བ་མེད་དང་ཡང་དག་དོན། དོ་བོ་ཉིད་ལ་ཕྱིན་ལོག་གིས། །འབད་དུ་
ཉིན་ཀྱང་མི་སྐྲོག་སྟེ། །བློའི་དེ་ཕྱོགས་འཇིན་ཕྱིར་རོ། །ཞེས་གསུངས་པ་བཞིན་ནོ། །དེ་
ལས་ཀྱང་སེམས་ཀྱི་རང་བཞིན་འོད་གསལ་བ་ལ། དྲི་མ་བློ་བུར་བ་མཐའ་དག་སྤངས་
པས་རང་བཞིན་རྣམ་དག་ཆེན་པོའི་བདག་ཉིད་དུ་གྱུར་པ་སྟངས་རྟོགས་ཡོངས་སུ་རྟོགས་
པའི་གནས་གྱུར་མཐར་ཕྱག་པ་སངས་རྒྱས་ཆོས་ཀྱི་སྐུ་ནི་ཡོན་ཏན་ཆད་མེད་ཀྱང་མངོར་
བསྒྲུན། གཙང་བདེ་རྟག་བདག་གི་ཕ་རོལ་ཏུ་ཕྱིན་པ་སྟེ། ཇི་ལྟར་ན། ཆོས་ཀྱི་དབྱིངས་
དོ་བོ་རང་བཞིན་གྱིས་རྣམ་པར་དག་པ་དེ་ཇི་ལྟ་བ་བཞིན་དུ་བདག་མེད་གཉིས་རྟོགས་པའི་
ཡེ་ཤེས་ཆེན་པོས་སྦྱོ་བྱུར་གྱི་སྙིབ་གཉིས་བག་ཆགས་དང་བཅས་པ་སྤྱར་མི་སྐྱེ་བར་བཙོ་
པས་དག་པ་གཉིས་ལྡན་ནི་གཙང་བའི་ཕ་རོལ་ཏུ་ཕྱིན་པ་རྣམ་གྲོལ་གྱི་སྐུ་འབས།

Why is that? Since the remedies such as selflessness and so forth are free of faults or harm from the causes and effects of the suffering of cyclic existence, the mind cannot be averted from them with effort.

However, even without being harmed, if the remedies can be problemetized by reasoning, it will be possible to discard them. Yet, since the remedies have been established by reasoning as correct objects, it will always be impossible to discard them, seeing them as problematic, and they will not be averted with effort. Neither is it possible, even without being problematized by reasoning, that the remedy will be impaired upon having become separated from the mind due to forgetfulness and the like. This is because when one's training has reached perfection, the mind will in and of itself have exclusively become the very essence or nature of the remedy. This cannot be averted by all the modes of fixation that impute adverse factors to it, even were one to try. Thus, the mind's unalienable embodiment of the correct remedy is just like how a mentality that understands that there is no snake in a mottled rope no longer has the occasion to cling to it as a snake. Such is like what has also been stated in the *Commentary on Valid Cognition* (*Tshad ma rnam 'grel*):

> It is unharmed and the correct object.
> The very essence, by error,
> Will not be averted, even with effort,
> Because such a mind embodies that dimension.

Even more than that, by having discarded all the passing stains from the cognizant nature of mind, it becomes the identity of great natural purity, the ultimate transformation of fully perfected abandonment and realization, the dharmakaya, [the body of buddha qualities] This has countless qualities, but to summarize, these are transcendent purity, bliss, permanence and identity.

What are these like? Transcendent purity, the body of complete liberation, or the body of extreme purity is the possession of the twofold purity through destroying, so that they will not arise again, the two passing obscurations along with their habitual tendencies by means of

ཤིན་ཏུ་རྣམ་པར་དག་པའི་སྐུའོ། །ཁྱད་ཀུན་གྱི་ཉེས་པ་རགས་པ་ལྷ་ཙེ་སྦྱོས་ཀྱི་ཉེན་རང་རྣམས་ཀྱིས་ཀྱང་སྤུང་བར་མ་ནུས་པ་ཡིན་གྱི་རང་བཞིན་གྱི་ཕྱུང་པོ་དང་། དེའི་རྒྱུ་མ་རིག་བག་ཆགས་ཀྱིས་ཡང་རྣམ་པ་ཀུན་ཏུ་སྤངས་པས། འགྱུར་བའི་རྣག་ཏུ་ཐབས་ཅན་དང་བྲལ་བ་ནི་བདེ་བ་དམ་པའི་ཐ་རོལ་ཏུ་ཕྱིན་པ་བདེ་ཆེན་གྱི་སྐུའོ། །འཁོར་བ་དང་མྱང་འདས་ལ་ཐ་དད་དུ་འཛིན་པ་མེད་པར་མཉམ་པ་ཉིད་དུ་རྟོགས་པས་དངོས་དངོས་མེད་ཀྱི་མཐའ་ལ་མི་གནས་པའི་འདུས་མ་བྱས་ཆེན་པོ་འཛིག་པ་མེད་པ་ནི་ཧྲག་པའི་ཐ་རོལ་ཏུ་ཕྱིན་པ་རྡོ་རྗེ་ལྟ་བུའི་སྐུ་སྟེ། དེ་ཡང་སྲིད་པ་ལྷ་མ་རྒྱུན་ཆད་ནས་གསར་དུ་སྐྱེ་བ་དང་། འདུ་བྱེད་རྣམས་སྟེང་ནས་མྱགས་པའི་རྒུ་བ་དང་། །ཁམས་རྣམ་པར་འགྱུར་བའི་ན་བ་དང་། བསམ་གྱིས་མི་ཁྱབ་པར་འགྱུར་བའི་འཆི་འཕོ་བ་བཞིའི་ཉེས་པ་ཆ་ཚམ་ཡང་མི་གནས་པས་ན་རིམ་པ་ལྔར། ཧྲག་བཏུན་ཞི་བ་འཕོ་མེད་གཡུང་དྲུང་གི་རང་བཞིན་དུ་གྱུར་བའོ། །བདག་དངོས་པོར་ཡོད་པ་དང་། བདག་མེད་པ་ཚམ་གྱིས་རབ་ཏུ་ཕྱི་བ་དངོས་མེད་ནི་ཚེ་བའི་མཐའ་ལས་འདས་ཏེ། དེ་དག་གི་སྡོས་པ་ནི་བར་ཞི་བ། ཚོས་ཐམས་ཅད་ཀྱི་ཚོས་ཉིད་སྲིད་ཞི་ཀུན་ཁྱབ་ཀྱི་ཡེ་ཤེས་ཉིད་དུ་གནས་གྱུར་ཐོབ་པ་ནི་བདག་དམ་པའི་ཐ་རོལ་ཏུ་ཕྱིན་པ་སྟེ། བདག་ཉིད་ཆེན་པོ་ནས་མཁའ་ལྟ་བུ་མཉམ་པ་ཉིད་ཡེ་ཤེས་ཀྱི་སྐུ་ཚོས་ཐམས་ཅན་ལ་མངའ་དབང་བསྒྱུར་བ། སྦོབས་བཅུ་དང་དབང་བཅུ་ལ་སོགས་པ་ཟག་པ་མེད་པའི་ཚོས་རྒྱུ་མཚོ་གཞལ་དུ་མེད་པ་མཉམ་པ་མེད་པ་མཐའ་དག་གི་གནས་སུ་གྱུར་བ་དོན་གཉིས་ལྷུན་གྱིས་གྲུབ་པའི་རྟེན་དམ་པར་གྱུར་པའོ། །དེ་ལྟར་ཐབ་པ་མྱུ་འན་ལས། འདས་པ་ནི། འགྲོག་པ་ཞི་བ་བསིལ་བ་གྲུ་ཚོམ་པ་ངེས་པར་འབྱུང་བ་བླ་ན་མེད་པ་མཆོག དང་མཐར་ཐུག་པ་ཉིད་དུ་མཐོང་ནས་ཐར་པའི་འདུས་བུ་ལ་སྤོ་བ་དང་། ཁྱད་པར་དུ་ཐེག་པ་ཆེན་པོའི་མྱང་འདས་ལ་དམིགས་ཏེ་བླ་ན་མེད་པའི་བྱང་ཆུབ་མཆོག་ཏུ་སེམས་བསྐྱེད་པར་བྱའོ། །

the great wisdom that realizes the twofold selflessness exactly as it is, the expanse of reality, whose essence is naturally pristine.

Transcendent sublime bliss, the body of great bliss, is the freedom from all the pains of change through having totally discarded not only the coarse defects of suffering and its origin, but also the aggregates of a mental nature and their cause, ignorance, even at the level of its habitual tendency, which not even shravakas and pratyekabuddhas can discard.

Transcendent permanence, the vajra-like body, is the indestructible great unconditioned, in which one does not remain in the extremes of either substantiality or insubstantiality, through having realized samsara and nirvana as an equality, without clinging to them as different.

That is to say, since not even so much as a fraction remains of the four defects—'birth' as something new after a previous existence has ceased, 'old age' from decomposing after the formations have aged, 'sickness' due to changes in the constituents, and 'death and transmigration', which is inconceivable change—one becomes the nature of permanence, stability, quiescence, and unchanging continuity, respectively. [131A]

Transcendent sublime identity is the attainment of the transformation into the very wisdom that encompasses all of existence and peace, the nature of all phenomena. This transcends the extreme of provisional insubstantiality—differentiated from the substantial existence of self in terms of the mere non-existence of self—and in so doing, utterly quells all such conceptual complexities.

This great identity is the wisdom body of space-like equality, which exercises mastery over all phenomena. It is the transformed locus of the entire unfathomable and matchless ocean of undefiled qualities such as the ten powers and the ten masteries. It is the sublime basis for spontaneously accomplishing the two benefits.

In this way, having perceived the nirvana of emancipation as the unexcelled, supreme and ultimate emergence of cessation, quiescence, coolness, and eminence, one should have enthusiasm for the result of emancipation and, in particular, one should arouse the mind set upon supreme and unexcelled enlightenment, aiming for the nirvana of the greater vehicle.

ཆོས་ཐམས་ཅད་ནི་སྟོང་ཞིང་བདག་མེད་པའོ།།

བཞི་པ་འདི་སྐྱུར་འདུས་ཐུས་དང་འདུས་མ་བྱས་ཀྱི་ཆོས་སུ་གཏོགས་པ་ཐམས་ཅད་ལ།
གང་ཟག་གི་བདག་མེད་ཅིང་ཆོས་ཀྱི་བདག་གིས་སྟོང་པས་ཆོས་རྣམས་ནི་རོ་བོ་ཉིད་མེད་
པར་གྲུབ་པ་ཡིན་ཏེ། རྗེ་སྒྲ་ན། ལས་བྱེད་པ་པོ་དང་བདེ་སྨྲག་སྨྱོང་བ་པོར་བཏགས་པ་
བདག་གམ་གང་ཟག་དང་བྱེད་པོ་སོགས་སུ་རྟོམ་པ་དེ་ནི། ཕུང་པོ་ལྷ་པོ་འདི་ལ་བརྟེན་
ནས་བདག་ཏུ་རྟོམ་པར་ཟད་ཀྱི། ཤེས་རབ་ཀྱིས་བཏགས་ན་གང་ཟག་གི་བདག་གི་རོ་བོ་
ཉིད་མི་དམིགས་ཏེ། ཕུང་པོ་དང་གཅིག་ཏུ་མ་གྲུབ་ལ། ཐ་དད་དུ་ཡང་མ་གྲུབ་པའི་ཕྱིར་
རོ། །གལ་ཏེ་བདག་དེ་ཕུང་པོ་དང་གཅིག་ཡིན་ན། ཕུང་པོ་རྣམས་ཐ་དད་པ་བཞིན་དུ་
བདག་ཀྱང་དུ་མར་ཐལ་བ་དང་། ཕུང་པོའི་སྐྱེ་འཇིག་གཟུགས་བདག་ཡིན་ན། རྒྱལ་ཕུན་
ཀྱི་གྱངས་བཞིན་དུ་བདག་དུ་མར་ཐལ་བ་དང་། དེ་བཞིན་ཆོས་འདུ་འདུ་བྱེད་རྣམ་ཤེས་
ཀྱི་ཕུང་པོ་རྣམས་ཀུན་དུ་མའི་ཕྱིར་བདག་ཀྱང་དེར་ཐལ་བར་འགྱུར་ལ། ཕུང་པོ་ལྷ་ནི་རྒྱ
ལས་སྐྱེས་ཤིང་སྐད་ཅིག་གིས་མི་རྟག་པས་བདག་ཀྱང་མི་རྟག་པར་ཐལ་བ་དང་། མངོན་
ན་རྒྱལ་ཕུ་རབ་དང་དུས་མཐའི་སྐད་ཅིག་གི་ཚ་ཅན་དུ་མ་ཆོགས་པའི་ཕུང་པོའི་བདག་མ་
ཡིན་ནོ། །ཕུང་ལྷ་ལས་ཐ་དད་པའི་བདག་ཡན་གར་བ་ཡོད་ན་དམིགས་སུ་རུང་བ་ལས།
དེ་མ་དམིགས་པས

26

ALL PHENOMENA ARE EMPTY AND
DEVOID OF A SELF-ENTITY

Fourthly, since in this way everything included within conditioned
and unconditioned phenomena is devoid of a personal self and empty
of a phenomenal self, all phenomena are therefore established as being
essenceless, [lack of inherent existence].

How is that? That which is wrongly believed to be the self, or the
person, and the doer and so forth, which has been imputed as the per-
former of actions and the experiencer of joy and sorrow is nothing but
the false belief in self based on the five aggregates.

When examined by means of discriminating knowledge the essence
of a personal self is not perceived because it is not established as being
identical with the aggregates, nor is it established as being different
from them.

If a self were identical with the aggregates it would follow that just
as the aggregates are different, so too must the self be plural. And if a
particular one of the aggregates, form, were the self, it would follow
that the self would be plural according to the number of particles of its
form. Similarly, since the aggregates of sensation, conception, forma-
tion, and consciousness are also plural, it would follow that a self too
would be such. Since the five aggregates have arisen from causes and
are impermanent from one moment to the next, it follows that a self
too would be impermanent.

In short, the aggregates, as an amalgam of multiple things with the
attribute of subtle particles and finite time, are not a self.

If there were an independent self, different from the five aggregates,
it should be possible to observe it. But since it has not been perceived,

ཁྱགས་པ་དང་། འདུས་བྱས་ཀྱི་ཕྱུང་པོ་ལས་འདུས་པའི་བདག་ཡོད་ན། ལས་བྱེད་པ་
དང་། བདེ་སྡུག་མྱོང་བ་སོགས་ཀྱི་མཚན་ཉིད་ཅན་དུ་མི་རུང་སྟེ་ནམ་མཁའ་ལྟར་འདུས་
མ་བྱས་ཕན་གནོད་དང་བྲལ་བར་འགྱུར་རོ། །གནས་མ་བུའི་སྡེ་པ་དག་གིས་བདག་ནི་
ཕྱུང་པོ་དང་གཅིག་ཐ་དད་དང་རྟག་མི་རྟག་སོགས་གང་དུ་ཡང་བརྗོད་དུ་མེད་པའི་རོ་བོར་
ཡོད་པར་འདོད་པའང་མི་འཐད་དེ། ཆད་མས་དཔྱད་ན་ཕྱོགས་གཉིས་པོ་གང་རུང་དུ་
ཡང་མ་གྲུབ་པ་དེ་ནི་དངོས་པོར་ཡོད་པར་མི་རུང་སྟེ། དངོས་པོར་ཡོད་པ་ལ་དེ་གཉིས་
གང་རུང་དུ་ཡོད་པས་ཁྱབ་པ་ནི་འདིར་ལོག་ལ་དེ་གཉིས་གང་རུང་མིན་པའི་དངོས་པོར་
ཡོད་ཚུལ་ཕྱུང་གསུམ་པ་མི་སྲིད་པའི་ཕྱིར་རོ། །དེ་ལྟར་གཟུགས་བདག་མ་ཡིན་ལ།
གཟུགས་དང་བདག་ཕན་ཚུན་ལྱེན་པ་མ་ཡིན། གཟུགས་ལ་བདག་མི་གནས། བདག་
ལ་གཟུགས་མི་གནས་པ་དེ་ལྟར་ཚོར་བ་སོགས་ལ་སྤྱར་བས་ཉི་ཤུའི་འཇིག་ཚོགས་ལ་ལྟ་
བའི་རིའི་རྩེ་མོའི་ཤུ་སྟེ། དེ་དག་གི་རྩ་བ་བདག་འཛིན་ལྱེན་སྐྱེས་ལ་བརྟེན་ནས། ཀུན་
བཏགས་པས་ན་ཡེ་ཤེས་རྡོ་རྗེས་འཇིག་ལྱ་བཙོམ་པའི་ཚེ་ཐབས་ཅད་ཅིག་ཆར་འཇིག་པར་
འགྱུར་ཞིང་། གཞན་ཡང་རྩ་བ་འཇིག་ལྱ་ལ་བརྟེན་ནས་སྟོན་དང་ད་ལྱ་ཕྱི་མཐའ་ལ་
བརྟེན་པའི་ལྱ་བའི་རྣམ་པ་དྲུག་ཏུ་རུ་གཉིས་སུ་ཚངས་པ་དྲུ་བའི་མདོ་ལས་གསུངས་པ་ལྱ་
བྱུ་དང་། ཡང་བདག་རྟག་པ་དང་། གཅིག་པུ་དང་། དབང་སྒྱུར་བ་དང་། ཁྱབ་པ་
ལ་སོགས་པའི་རྣམ་པར་སྒྲོ་བདགས་པ་ཇི་སྙིད་པ་དང་། བུམ་པའི་ཆ་བྱུད་འབོར་ལོ་དང་
དྲྱིག་གུ་སོགས་མཐོང་བས་ལྱ་མཁན་ཡོད་པར་ཞེས་པ་ལྱར། བདག་གི་ཕན་པ་སྒྲུབ་
པའི་མལ་ཆ་དང་ཟས་གོས་སོགས་མཐོང་བས་བདག་ཡོད་པར་དཔོག་པ་དང་། བདག་
མེད་ན་ལས་ལ་འབད་པ་སོགས་དོན་མེད་དེ་སུ་ཡི་ཆེད་དུ་མི་འགྱུར་བས་བདག་མེད་
འདོད་པ་སུན་འབྱིན་པ་སོགས། བདག་ཡོད་ལྱ་བ་ཕྱི་རོལ་པས་གང་སྒྲུབ་པ་ཐམས་ཅད་
དོན་མེད་འབའ་ཞིག་ཡིན་ཏེ།

it is therefore negated. If there were a self beyond the conditioned aggregates, it would not be suitable for it to have such attributes as being the doer of actions and the experiencer of joy and sorrow. Rather, it would be an unconditioned thing, devoid of causing benefit or harm, like space.

The self accepted by the Vātsīputrīya school as an essence utterly indescribable as either identical or different from the aggregates, or as either permanent or impermanent, is also untenable. When examined with valid cognition, that which has not been established as either of those two alternatives is not capable of existing as an entity. This is because for something to exist as an entity it necessarily exists as either of those two alternatives. Those two are contravened in this case and it is impossible for there to be a third alternative for the way something exists as an entity other than one of those two alternatives.

In that way, forms are not self, and neither do forms and self mutually possess one another. A self does not abide in form, and neither do forms abide in a self. The twenty combinations from connecting this in the same way with sensations and the rest are the twenty mountain peaks of belief in the transitory collection. Since these have been imputed based on their root, innate self-clinging, when belief in the transitory collection has been destroyed by vajra-wisdom, all of the rest will dissolve simultaneously.

Moreover, as it is taught in the *Brahma Net Sūtra* there are sixty-two types of beliefs based on the extremes of past, present and future, which are in turn based on the root belief in the transitory collection. There is a whole range of superimpositions of a self as permanent, singular, governing, pervasive, and so forth, in its aspects. It is inferred that the self exists because of seeing the bedding, food, clothes, and so forth that fulfill the needs of the self, just as one understands that there is a potter because of seeing the wheel, potter's stick, and so forth, which are the implements for making a pot. There is also the rejection of the position of selflessness based on questioning whose sake the pointless striving on the path would be for were there to be no self. These and whatever else is mentioned by non-Buddhist proponents of the existence of a self are all exclusively meaningless. This is because it is not suitable to posit

ཁྱད་པར་ཅན་བདག་མེད་པ་ལ་དེ་ཡི་ཁྱད་པར་གྱི་ཆོས་དང་། སྒྲུབ་བྱེད་བགོད་པ་མི་རུང་
བའི་ཕྱིར་ཏེ། བདག་ཏུག་ན་ལས་བྱེད་པ་དང་སྤྱོད་པའི་གནས་སྐབས་ཐ་དད་པ་དང་།
བདེ་སྡུག་མཐོ་དམན་དག་མ་དག་སོགས་ཀྱི་གནས་སྐབས་མི་སྲིད་པ་དང་། གཅིག་པུ་
ཡིན་ན་ཁྱུད་ཆོས་སོགས་ཀྱི་རྣམ་བཞག་སྣ་ཚོགས་མི་སྲིད་པ་དང་། ཀུན་ལ་དབང་བསྒྱུར་
བའི་རང་དབང་ཅན་ཡིན་ན་མི་རྟག་པ་དང་མི་འདོད་པ་ཅུང་ཟད་འབྱུང་མི་སྲིད་པ་དང་།
ཁྱབ་པ་ཡིན་ན་ཐམས་ཅད་ཅིག་ཆར་སྐྱེ་པ་ལ་གཏེན་དང་བྲལ་བ་དང་བདག་གཞན་དགེ་
སྡིག་སོགས་ཀྱི་བྱ་བཞི་ཆེ་བའི་ཁྱད་པར་མི་འཐད་དོ། །བདག་གི་ངོ་བོ་ཆད་མས་ནམ་
ཡང་མ་དམིགས་པ་ལ་དེའི་ཕན་པ་སྒྲུབ་བྱེད་ཀྱི་དངོས་པོ་མཐོང་བ་ཞེས་པའི་ཏྲགས་མ་
གྲུབ་སྟེ། སོ་གཞན་བུའི་གོས་ཞེས་པ་བཞིན་ནོ། །མལ་ཆ་སོགས་བདག་གི་བར་ལེན་པ་
མ་ཡིན་ནམ་ཞེ་ན། བདག་མེད་ཀྱང་ཕུང་པོའི་ཚོགས་པ་དང་རྒྱུན་ལ་ཕན་པ་བྱེད་པའི་ཕྱིར་
ལེན་པ་ཡིན་ནོ། །བདག་ཡོད་ན་ཐར་བའི་ལམ་མི་སྲིད་དེ། བདག་ཡོད་སྟ་བའི་ལུགས་
ལ་བདག་ཏུ་ཆགས་པ་སྤོང་བྱེད་ཀྱི་ལམ་མི་སྲིད་ལ། བདག་ཆགས་མ་སྤངས་ན་བདག་
གི་བར་ཆགས་པའི་སློ་ནས་ཁམས་གསུམ་ཀུན་ཏུ་ལེན་པ་དང་ནམ་ཡང་མི་འབྲལ་བས་
འཁོར་བ་ལས་ཐར་པའི་ཐབས་མི་སྲིད་དོ། །བདག་མེད་པར་སྒྱུ་བ་ལ་ཐར་པ་ཡོད་དེ་གོང་
ལས་བཟློག་པ་འདིར་ལེན་གང་ཡང་མི་མངའ་བའི་སློ་ནས་ཁམས་གསུམ་ལ་ཆགས་པ་
དང་བྲལ་བའི་སླྱང་འདས་འགྲུབ་བོ། །ཕན་པ་སྒྲུབ་ཅིང་གནོད་པ་སྤོང་བ་ནི་བདག་ཡོད་
པའི་དོན་དུ་མ་ཡིན་ཏེ། བདག་མེད་པའི་ཕུང་པོའི་ཚོགས་རྒྱུན་ལ་བརྟེན་ནས་བྱེད་པོ་དང་
སྤྱོད་པོ་སོགས་སུ་འཇོག་པའི་ཕྱིར་རོ། །དེ་ཡང་དཔེར་ན་ཞིང་ཏུ་ཞིངས་པ་རང་གི་ཡན་ལག་
རྣམས་ཚོགས་པ་ལ་བརྟེན་ནས་བཏགས་པ་སྟེ། འཕང་ལོ་སོགས་ཡན་ལག་དང་ཞིང་ཏུ་
གཞིས་གཅིག་པ་མིན་ཞིང་།

attributes and proofs for a self that does not exist as something with attributes.

If a self were permanent it would be impossible for there to be different occasions of performing actions and experiencing results, occasions of pleasure and pain, high and low, pure and impure, and the like. If it were singular, it would be impossible for there to be various types of attributes and so forth. If it possessed the independence of governing everything it would be impossible for even the slightest impermanence or undesirable thing to occur. If it were pervasive it would simultaneously include everything and it would be untenable for it to have provisional distinctions such as being separated from friends, self and other, virtuous or evil deeds, and the like.

For a self whose nature has never been observed through valid cognition, no eyewitness proof has been established for an article of evidence that benefits it. It is like the "clothes" of the son of a barren woman.

But doesn't one take possession of bedding and so forth? These things are taken up, despite the nonexistence of a self, in order to be of benefit to the collection and continuance of the aggregates.

If a self existed the path of emancipation would be impossible. It is impossible in the tradition of those who propound an existent self to have a path by which attachment to self is abandoned. If attachment to self is not discarded, by means of attachment to what belongs to self one will never be free from craving the totality of the three realms, and the means for emancipation from cyclic existence will therefore be impossible.

Those who propound the nonexistence of self do have emancipation. Contrary to the above, by means of not rejecting or accepting anything whatsoever, they attain the nirvana that is free from attachment to the three realms. Practicing what is beneficial and discarding what is harmful is not for the sake of an existent self, because a doer, experiencer, and so forth are posited based on the continuity of the collection of selfless aggregates.

For example, the term "chariot" is assigned based on the collection of all its component parts. It is not that the component parts of the wheels and so forth are the same as the chariot. While it is

རང་གི་ཡན་ལག་རྣམས་ལས་གཞན་དུ་ཡང་མེད་ལ་དེའི་ཕྱིར་ཡན་ལག་དང་ཡན་ལག་
ཅན་གཉིས་ཐ་དད་ཆུན་ལྟར་པ་འང་མིན། ཡན་ལག་ལ་ཡན་ལག་ཅན་གནས་པ་དང་།
ཡན་ལག་ཅན་ལ་དུ་ལ་ཡན་ལག་འཁང་ལོ་སོགས་གནས་པའང་མིན་ནོ། །ཡན་ལག་
ཚོགས་པ་དང་ཚོགས་པའི་དབྱིབས་གཉིས་ནི་ཡན་ལག་རྣམས་ལས་གཞན་པའི་རྫས་སུ་
གྲུབ་པ་ཅུང་ཟད་ཀྱང་མེད་པའི་ཕྱིར་དེ་ལྟར་རྣམ་པ་བདུན་དུ་དཔྱད་ན། ཡན་ལག་ཅན་
ཞིག་ཏུ་ཉིད་དངོས་སུ་མེད་ཀྱང་། རང་གི་ཡན་ལག་རྣམས་ལ་བརྟེན་ནས་བཏགས་པ་
ཚམ་གྱིས་ཡོད་པ་དེ་བཞིན་དུ་བདག་ཀྱང་ཕུང་པོ་ལ་བརྟེན་ནས་བཏགས་ཀྱི་རྣམ་པ་བདུན་
དུ་དཔྱད་ན་མི་འགྲུབ་པར་ཤེས་པར་བྱའོ། །དེ་ལྟར་ཡང་མདོ་ལས། བདག་ཅེས་བྱ་བ་
བདུད་ཀྱི་སེམས། །ཁྱོད་ནི་ལྟ་བར་གྱུར་པ་ཡིན། །འདུ་བྱེད་ཕུང་པོ་འདི་སྟོང་སྟེ། །འདི་
ལ་སེམས་ཅན་ཡོད་མ་ཡིན། །ཇི་ལྟར་ཡན་ལག་ཚོགས་རྣམས་ལ། །བརྟེན་ནས་ཤིང་
རྟ་བརྗོད་པ་ལྟར། །དེ་བཞིན་ཕུང་པོ་རྣམས་བརྟེན་ནས། །ཀུན་རྫོབ་སེམས་ཅན་ཞེས་
བྱའོ། །ཞེས་གསུངས་པ་བཞིན་ནོ། །གལ་ཏེ་གང་ཟག་གི་བདག་རིགས་པས་ལེགས་
ཀྱང་། དེའི་གདགས་གཞི་གཟུགས་ལ་སོགས་པའི་ཚོས་རྣམས་ནི་མངོན་སུམ་གྱིས་
དམིགས་པའི་ཕྱིར་ཚོས་རྣམས་ཀྱི་ངོ་བོ་ཉིད་ནི་གྲུབ་པོ་སྙམ་ན་འདི་ལྟར་གཟུགས་སོགས་
ཀྱི་སྣང་བ་བསྐྱེད་དེ་རྟེན་འབྲེལ་གྱི་དབང་ལས་སྣང་བར་ཟད་ཀྱི། ཇི་ལྟར་སྣང་བ་འདི་
ལ་ཞེས་རབ་ཀྱིས་དཔྱད་ན་དེ་དང་དེའི་ངོ་བོ་ཉིད་དུ་གྲུབ་པ་གང་ཡང་མེད་དེ། གཟུགས་
བཅུན་དང་རྡུ་ལ་མ་སྨྲ་མ་ལ་སོགས་པ་བཞིན་ནོ། །དེ་ཇི་ལྟར་ཞེ་ན་རྒྱ་ལ་དཔྱོད་པ་རྡོ་རྗེ
གཟེགས་མ།

also not that there is something separate from its component parts. Therefore, the component parts and the composed whole do not mutually include one another. Neither does the composed whole exist in the component parts. Nor do the component parts, such as wheels and the rest, exist in the composed whole, the chariot. This is because both the collection of component parts and the shape of this collection do not have even the slightest substantial existence separate from the component parts themselves. When examining such in this seven-fold manner, even though the composed whole, the chariot, cannot be observed, it exists through mere imputation based on its component parts. Likewise, it should be understood that the self too is imputed based on the aggregates, but is not established when examined in this seven-fold manner.

> Such is also said in a *sūtra*:
> So-called "self," demonic attitude,
> You are a belief.
> This aggregate of formation is empty.
> In it there is no sentient being.
>
> Just as a chariot is named based upon
> The collection of all its component parts,
> Similarly the relative "sentient being"
> Is so-called based on the aggregates.

One might object that even though a personal self is refuted through reasoning, since its basis of imputation, phenomena like forms and so forth, are directly observed, an essential nature of phenomena does exist. In response, the undeceiving appearances of forms and so forth only appear due to the power of dependent origination. But when examining with discriminating knowledge just how these appearances are, these and their essential nature cannot be established in anyway whatsoever, like a reflection, a dream, an illusion and the like.

How is this so? It is resolved by way of the four-fold reasoning:

1) The analysis of the cause, the vajra splinter;

འབྲས་བུ་ལ་དཔྱོད་པ་ཡོད་མེད་སྐྱེ་འགོག རོ་བོ་ལ་དཔྱོད་པ་གཅིག་ཏུ་བྲལ། ཐམས་ཅད་
ལ་དཔྱོད་པ་རྟེན་འབྲེལ་ཆེན་པོའི་གཏན་ཚིགས་བཞིའི་རྒྱལ་གྱིས་གཏན་ལ་ཐབ་པ་ཡིན་
ཏེ། འདི་ལྟར། རྒྱུ་རྐྱེན་ཚོགས་པ་ལས་འབྲས་བུ་སྐྱུང་བ་ལ་ནི་བསྐྱེན་དུ་མེད་པས་རང་པ་
སངས་རྒྱས་པ་ཐམས་ཅད་ཀྱི་ལུགས་ལ། རྟེན་འབྲེལ་གྱི་དབང་གིས་སྐྱུང་བར་ཁས་ལེན་
ན་ཡང༌། འོན་ཀྱང་རྟེན་འབྱུང་གི་གཞི་ཕྱ་རབ་གཞིས་སམ། གཞན་དབང་གི་རྣམ་ཤེས་
ལྟ་བུ་བདེན་གྲུབ་ཏུ་བྲས་ནས་སྟོང་གཞི་དེ་ལ་གང་ཟག་གི་བདག་གམ། རྒྱུན་བརྟགས་
ཀྱི་ཆས་སྟོང་བ་ལྟ་བུའི་མ་ཡིན་དགག་གི་སྟོང་ཉིད་ནི་རང་སྟེ་དངོས་སྨྲ་བ་དག་གིས་འདོད་
ཅིང༌། རོ་བོ་ཉིད་མེད་པར་སྨྲ་བའི་དབུ་མ་ལ་རྣམས་ཀྱིས། ཕུང་པོགས་ཚོ ཐམས་ཅད་
ནི། རང་གི་རོ་བོ་ཉིད་མ་གྲུབ་བཞིན་དུ་སྐྱུང་བ་ཡིན་པས། དོན་དམ་དཔྱོད་པའི་རིགས་
པས་དཔྱད་བཟོད་དུ་གྲུབ་པ་ཅུང་ཟད་ཀྱང་མེད་པར་བཀག་པའི་སྟོང་པར་འདོད་ཀྱང༌། དེ་
འདའི་སྟོང་པ་དང་རྟེན་འབྱུང་གི་སྣང་བ་གཞིས་དངོས་པོའི་ཚོས་ཉིད་ཀྱིས་འགལ་མེད་དོན་
གཅིག་ཏུ་ཁར་བ་ནི། སྣང་སྟོང་ཟུང་འཇུག་དབུ་མ་ཆེན་པོ་ཀླུ་སྒྲུབ་ཀྱི་བཞེད་པ། རྒྱལ་
བའི་དགོངས་པ་མཐར་ཐུག་པ་ཡིན་ལ། དེ་ལྟ་བུའི་དོན་ལ་རིམ་དང་ཅིག་ཆར་དུ་འཇུག་
པའི་རྒྱལ་དང༌། ཐ་སྙད་ཁས་ལེན་རྒྱལ་སོགས་ནང་གསེས་ཀྱི་བཞེད་པ་མི་འདྲ་བ་ཡོད་
ཀྱང༌། འདིར་ནི་དབུ་མ་སྟེའི་གནད་རྣམས་འཆད་པར་བྱའོ། །དེ་ཡང་ཐ་སྙད་ཚམ་དུ་
རྒྱ་ལས་འབྲས་བུ་སྐྱེ་མོད་ཀྱང༌། དོན་དམ་པར་དཔྱད་ན་སྐྱེ་བ་མི་དམིགས་ཏེ། གལ་
ཏེ་སྐྱེ་བ་རིགས་པས་དཔྱད་བཟོད་དུ་ཡོད་ན་བདག་གམ། གཞན་ནམ། གཉིས་ཀ་འམ།
གཉིས་མིན་པ་རྒྱ་མེད་དེ་མཐའ་བཞི་གང་རུང་གི་ཚུལ་དུ་སྐྱེ་དགོས་པ་ལ་དེ་མི་འཐད་པའི་
ཕྱིར་རོ། །

2) The analysis of the result, the refutation of the origination of an existent or nonexistent thing;
3) The analysis of the nature, absence of singularity and plurality; and
4) The analysis of everything, the great dependent origination.

These are as follows: Since it is irrefutable that a result appears from a collection of causes and conditions it is accepted in all Buddhist traditions that appearance is due to the power of dependent origination. However, our own Buddhist group's proponents of true entities construe as truly existent the basis of dependent origination, like the two subtlest parts, or the other-dependent consciousness, and put forth an emptiness, which is an implicative negation, like the basis of emptiness's emptiness of a personal self, or its emptiness of the imputed aspect.

The Middle Way proponents of essencelessness claim that all phenomena, such as the aggregates and the rest, appear while not possessing any existent self-essence. Thus, they are empty, in that even the slightest existence capable of withstanding scrutiny by means of the reasoning that examines the ultimate is negated without any existential implications. Yet, such emptiness and dependently originating appearances dawn, due to the nature of things, as a non-contradictory unity. This is the Great Middle Way of the coalescence of appearance and emptiness, the viewpoint of Nāgārjuna, which is the final realization of the victorious ones.

There are different positions within this, such as gradual or instantaneous ways of partaking in such a meaning, ways of accepting conventionality, and so forth. Here, however, I shall simply explain the crucial points of the Middle Way as a whole.

To elaborate, as mere convention a result does indeed arise from a cause. However, when examined in the ultimate sense arising is not observed. This is because if there were arising that could withstand scrutiny through reasoning then it should arise in the manner of one of the four limits—either from itself, something else, both, or neither, that is, without a cause. And these are untenable.

ཇི་ལྟར་ཞེ་ན། བདག་ལས་བདག་ཉིད་སྐྱེ་བ་མི་རིགས་ཏེ། བདག་ཉིད་ཀྱི་དོ་བོར་གྲུབ་
ཟིན་པ་སླར་ཡང་སྐྱེ་བ་དོན་མེད་པ། བུ་བཙས་ཟིན་པ་ལ་ཡང་བཙས་སུ་མེད་པ་བཞིན་
ནོ། །གལ་ཏེ་སླར་ཡང་སྐྱེ་ན། ས་བོན་ལྷ་བུ་དེ་ཡང་ཡང་ཕྱུག་མེད་དུ་སྐྱེ་ཞིང་། སྨྱུ་གུ་
དང་སྡོང་བུ་སོགས་ཀྱི་གནས་སྐབས་ཐ་དད་པ་རིམ་པས་འགྱུར་བ་རྣམས་མེད་པར་འགྱུར་
རོ། །གལ་ཏེ་གྲངས་ཅན་བདག་སྐྱེ་འདོད་པ་རྣམས་ན་རེ། འཇིག་པའི་རང་བཞིན་གཅིག་
ལས་བྱུང་བ་སོགས་ཀྱི་རྣམ་འགྱུར་སྣ་ཚོགས་བྱེད་པ་ལྟར་ས་བོན་སོགས་རང་བཞིན་
གཅིག་ཀྱང་། ས་བོན་གྱི་རྣམ་འགྱུར་སྡངས་ནས་མྱུ་གུའི་རྣམ་འགྱུར་དུ་གོ་འཕོས་པ་ཡིན་
ནོ་ཟེར་ན། ས་མྱུག་སོགས་ཀྱི་གནས་སྐབས་དེ་དག་ལ་ད་ལྟར་ཡོན་མེད་དང་མདོག་
དབྱིབས་སོགས་ཐ་དད་དམིགས་བཞིན་གཅིག་ཏུ་འདོད་ན་མི་རྒྱུ་དང་དགེ་སྡིག་སོགས་
ཐམས་ཅད་ཀྱང་གཅིག་ཏུ་འགྱུར་བས་ཏུ་ཅང་ཐལ་བས་གནོད་དོ། །ས་མྱུག་སོགས་རྒྱུད་
གཅིག་པས་མི་རྒྱུ་སོགས་དང་མི་འདྲའོ་སྙམ་ན། རྒྱུད་ཅེས་བུ་བ་ནི་སྐད་ཅིག་མའི་ཚོ
འདུ་བ་བར་མ་ཆད་པ་ལ་བདགས་པ་ཚམ་སྟེ་དོན་ལ་མ་གྲུབ་པའོ། །བསྐྱེན་བཙས་སུ་མ་
ཟད་འཇིག་རྟེན་པས་ཀྱང་རྒྱུ་ཞིག་པའི་རྗེས་སུ་འབྲས་བུ་མངོན་སུམ་མཐོང་བ་ཡོད་པས་རྒྱུ
འབྲས་གཅིག་ཅེས་ཁས་མི་ལེན་པས་ན་བདག་སྐྱེ་འདི་ནི་བདེན་པ་གཉིས་ཆར་དུ་ཡང་མེད་
དོ། །གལ་ཏེ་བདག་སྐྱེ་མི་རིགས་མོད་ཀྱི། མ་ལས་བུ་བཙས་པ་དང་། ས་བོན་ལས་མྱུ
གུ་འབྱུང་བ་ལྟར་དངོས་པོ་རྣམས་གཞན་ལས་གཞན་སྐྱེ་བ་ཕོ་ནའི་སྐྱམ་ན། རྒྱུ་འབྲས་ལ་
གཞན་དུ་བདགས་པ་ཡོད་མོད། རིགས་པས་གྲུབ་པའི་གཞན་སྐྱེ་མ་ཡིན་ཏེ། རྒྱུ་འབྲས་
གཞན་པ་ཉིད་དུ་དོ་བོར་གྲུབ་ན། འབྲས་བུ་དེ་རྒྱུ་ལ་བློས་མི་དགོས་ཏེ་གཞིས་ཀ་གནས་
མཉམ་དུ་ཡོད་པར་འགྱུར་ལ། ཡོད་བཞིན་གཞན་ལས་གཞན་སྐྱེ་མི་དགོས་ཏེ། སྐྱེས་
བུ་སྐྱེས་ཟིན་གཉིས་ཐབས་ཆུན་མི་ལྡོས་པ་བཞིན་ནོ། །གལ་ཏེ་གཞན་ལས་གཞན་སྐྱེ་ན་མར་
མི་ལས་ཀྱང་མུན་པ་འབྱུང་བ་སོགས་ཐམས་ཅད་ལས་ཐམས་ཅད་སྐྱེ་བར་ཐལ་ཏེ།

How is this the case? It is unreasonable for something to arise from itself, since it is pointless for something that has already formed as its own nature to arise once again, just as a child once born cannot be born again. If something could be born again, then a seed for instance should be able to grow again and again endlessly and there would be no gradual changes into different occasions such as a sprout, a shoot, and the rest.

The Samkhya proponents of self-production say: "Just as various permutations, like a pot and so forth, are made from the single nature of clay, likewise a single nature, such as a seed, transfers into the permutation of a sprout, having relinquished the permutation of a seed." However, if one were to claim that the occasions of seed, sprout, and the rest are one, even while observing their different temporal existences, colors, shapes, and the like, then fire and water, virtue and evil, and the rest, would likewise be one. Hence, such a position is invalidated by an extremely absurd conclusion.

One might object that since seed, sprout, and the rest share the same continuum, they are not like fire and water. In response, a "continuum" is a mere imputation on an uninterrupted resemblance of attributes arising moment by moment. In reality it does not exist.

It is not only in the treatises. Worldly people too directly see a result as following the conclusion of a cause, and do not claim about this that cause and effect are one. Self-production therefore does not exist at all according to either of the two truths.

One might counter that even though self-production is indeed illogical, just as a child is born from a mother and a sprout comes from a seed, all things are only ever separate things born from separate things. In response, cause and effect have indeed been imputed as separate. However, this is not an other-production that has been established through reasoning. If cause and effect were established as utterly separate in essence, then an effect would not need to depend on a cause, since both would exist at the same time. And while existing there is no need for one to be born from the other, just as two people who have already been born are not mutually dependent.

If one thing were to arise from another, it would follow that everything would arise from everything else, like darkness coming from a

གཞན་ཡིན་པར་འགྱུར་མེད་པའི་ཕྱིར་རོ། །གཞན་ཡིན་ཚད་རྒྱུ་འབྲས་སུ་མ་ངེས་ཏེ། ཕན་
འདོགས་བྱེད་དང་གདགས་བྱར་འབྲེལ་ཞིང་སྲ་མ་ལས་ཕྱི་མ་འབྱུང་བས་སྔོན་དེ་མེད་
ཅེ་ན། ནས་དང་མེ་ཏོག་རྟོལ་སོགས་པ་འབྲས་ཀྱི་རྒྱུ་དང་རྒྱུད་དུ་གཏོགས་པ་མིན་པ་
བཞིན་དུ་ནས་རང་གི་ས་མྱུག་གཉིས་ཀྱང་། གཞན་ཡིན་པར་དོན་འདུ་བས། སྐྱེད་བྱེད་
དང་རྒྱུད་གཅིག་པར་ཡང་མི་རུང་བར་ཐལ་ན་ཡང་། སྐྱེད་བྱེད་དང་རྒྱུད་གཅིག་པའི་རྣམ་
བཞག་རྩང་བ་འདི་ནི་དོ་བོ་ཉིད་ཀྱིས་གཞན་དུ་མ་གྲུབ་པར་རྟེན་འབྱུང་གི་དང་ཚུལ་དཔྱད་
མི་བཟོད་པར་གྲུབ་པའི་གནད་ཀྱིས་ཡིན་ནོ། །གཞན་ཡང་ས་མྱུག་གཉིས་གཅིག་གི་དུས་
ན་གཅིག་མེད་པས་ཕན་གདགས་བྱ་འདོགས་བྱེད་དུ་ཇི་ལྟར་འཐད་དེ་བཏགས་པ་ཙམ་
མོ། །དེ་གཉིས་དུས་མཉམ་དུ་མེད་ཀྱང་སྔང་མཉའི་མཚོ་དམན་བཞིན་དུ་སྐྱེ་འགག་བྱེད་
པས་སྔོན་མེད་དོ་ཞེ་ན། འགག་བཞིན་པ་དང་སྐྱེ་བཞིན་པ་ཕྱད་པ་མི་འགྲུབ་པས། སྔང་
མཉའི་དཔེས་བསྟན་པ་དོན་མེད་དོ། །སེམས་སེམས་བྱུང་དང་དུས་གཅིག་པའི་འབྱུང་
བཞི་ལྟ་བུའང་རྒྱུ་འབྲས་སུ་བཏགས་པ་ཙམ་སྟེ་དོ་བོ་ཉིད་ཀྱིས་གཞན་སྐྱེ་ཡིན་ན་སྔོན་གོང་
བཞིན་ནོ། །དེས་ན་ས་བོན་ལས་མྱུ་གུ་སྐྱེ་བ་ལྟ་བུ། རྟེན་འབྲེལ་གྱི་སྲང་བ་བཏག་མི་
བཟོད་པ་ཡིན་གྱི་བཏག་ན་སྐྱེ་བ་ཞེས་པ་ཙང་ཟད་མི་དམིགས་ཀྱང་མ་བཏགས་ཉམས་
དགའ་བ་ཙམ་དུ་ས་བོན་ལས་མྱུ་གུ་སྐྱེ་བར་སྲང་ཞིང་དེ་ལྟར་ཐ་སྙད་བྱེད་པ་ཙམ་དང་། དེ
བཞིན་གནས་པ་དང་འགག་པར་གདགས་ཀྱི་དོན་ལ་སྐྱེ་འགག་གནས་གསུམ་གྲུབ་བ་
ཡིན་ལ་བདེན་པ་དེ་གཉིས་འགའ་མེད་ཀྱི་སྲང་བ་སྒྱུ་མ་དང་སྲི་ལམ་དེ་ཟའི་གྲོང་ཁྱེར་ལ་
སོགས་པ་ཇི་ལྟ་བ་བཞིན་ནོ། །དེ་ལྟར་རིགས་པས་དཔྱད་ན

butter lamp and so forth, because there is no difference in terms of them being other.

One might object that everything separate is not fixed as cause and effect. Since cause and effect are related as benefactor and beneficiary, and subsequent things come from previous things, the problem related above does not pertain. In response, just as barley, a flower, a stone, and so forth do not belong among the causes of rice and its continuum, both a seed and a sprout of barley itself are also in reality similar in terms of being separate. Thus, it follows that they could not be producers and share an identical continuum. However, the fact that a presentation of these as producers and sharing an identical continuum is feasible is due to the crucial point of the nature of dependent origination established without withstanding scrutiny, in which those do not exist as separate in essence.

Moreover, since between both seed and sprout one does not exist while the other is present, how would it be tenable for them to be beneficiary and benefactor? It is mere imputation.

One might object that even though both of them are not present at the same time, since they are arising and ceasing like the fluctuation of a scale's balance, such a problem does not pertain.

In response, since an encounter while arising or while ceasing is not established, what is demonstrated by the example of a scale's balance is meaningless.

Things like the four elements that emerge at the same time as primary and subsidiary mental factors are likewise only imputed in terms of cause and effect. If they were other-produced in essence, the previous fault would likewise pertain.

Thus, things like a sprout growing from a seed are dependently arisen appearances, which do not withstand analysis. When analyzed, "arising" is not observed in the least. It only appears that a sprout grows from a seed according to mere uncritical consensus and then such terminology is applied. Likewise, things are imputed to remain and cease. But in reality, appearance is devoid of the triad of arising, remaining and ceasing. On this, the two truths are not at odds. Appearance is just like an illusion, a dream, a city of *gandharvas*, and the like. When examined in this way through reasoning, due to the crucial point of all

ཆོས་ཐམས་ཅད་ལ་རོ་བོ་ཉིད་མེད་པའི་གནད་ཀྱིས་ས་སྨུག་ལ་བུ་བདག་དང་གཞན་གང་
གི་དོ་བོར་ཡང་མི་འགྱུར་བོ། །གཞན་དག་ན་རེ་སྐྱེ་བ་གཞན་གསུམ་བཀག་ཀྱང་། གཞན་
སྐྱེ་ལས་མ་བྲང་ན་འཇིག་རྟེན་ཐ་སྙད་ཀྱི་རྣམ་བཞག་དང་མི་འགལ་ལམ་ཞེ་ན་མི་འགལ་
ཏེ། དེ་ཁོ་ན་ཉིད་དུ་དཔྱད་ན་ཐ་སྙད་དུ་སྐྱེ་བ་ཞེས་པ་ཅི་ཡང་མི་དམིགས་ཏེ་དམིགས་ན་ཐ་
སྙད་བདེན་པ་རིགས་པས་དཔྱད་བཟོད་དུ་ཐལ་བ་དང་། དོན་དམ་པའི་སྐྱེ་བ་མི་ཞིགས་
པར་ཐལ་བ་དང་། འཐགས་པའི་མཉམ་བཞག་དངོས་པོའི་འཇིག་རྒྱུར་ཐལ་བ་སྟེ་དངོས་
པོ་ལ་སྒྱུར་བ་འདེབས་པའི་རང་བཞིན་ཅན་དུ་འགྱུར་ན་ཡང་། དེ་མི་སྲིད་པའི་ཕྱིར། དོན་
དམ་པར་ཆོས་གང་ཡང་ཡོངས་སུ་མི་དམིགས་པ་དང་། ཐ་སྙད་ཚམ་དུ་དམིགས་པ་
གཉིས་དོན་གཅིག་ཏུ་དབུ་མ་པས་བཞེད་ལ། དངོས་སྨྲ་བ་རྣམས་ཀྱིས། སྟོང་པ་དང་
རྟེན་འབྱུང་གི་སྲུང་བ་འགལ་བར་བརྟུ་ནས་ཙོད་ཅིང་། དོན་དམ་དཔྱོད་པས་བཀག་པ་
ནི་ཐ་སྙད་དུ་ཡང་གཏན་མེད་པ་དང་། ཐ་སྙད་དུ་ཡོད་ཚད་དོན་དམ་དཔྱོད་པས་མ་བཀག
སྟེ་དགག་གཞི་ཐ་སྙད་ཀྱི་ཆོས་རྣམས་ཀྱི་སྟེང་ན་དགག་བྱ་ཡན་གར་བ་ཀུན་བཏགས་
པའམ། བདེན་གྲུབ་སོགས་ཀྱི་མིང་ཅན་བཀག་པའི་སྟོང་ཉིད་དང་། དགག་གཞི་སྣང་
བ་གཉིས། རེ་བོང་རྭ་མེད་དང་གནས་གི་རྭ་ཡོད་ལྟར་བྱུང་འཇུག་ཏུ་འདོད་པ་ནི་སྟོང་ཉིད་
མ་ཡིན་དགག་ཏུ་འདོད་པ་སྟེ་མཐར་དཔྱད་ན་དངོས་སྨྲ་ལས་མི་འདའ་ཞེས་སྟོན་གྱི་རིགས་
པ་སྨྲ་བ་དག་གིས་ལེགས་པར་བསླབས་ཟིན་ཏོ། །བདག་གཞན་གཉིས་ཙར་ལས་སྐྱེ་བ་
ལ་ནི་ཕྱོགས་གཉིས་ཆར་བཏོད་པའི་སྐྱོན་འབབ་ཅིང་བདེན་པ་གཉིས་ཆར་དུ་ཡང་མི་འདོད་
དོ། །བདག་གཞན་གཉིས་ཀ་ལས་མི་སྐྱེ་ཡང་དངོས་པོ་རྣམས་རྒྱུ་མེད་དུ་སྐྱེ་བར་འདོད་
པ་ནི་བོང་དུ་གྲུབ་མཐའི་སྐབས་སུ་བཀག་པ་ལྟར་རོ། །དེ་ལྟར་མཐའ་བཞི་སྐྱེ་འགོག་གི་
རིགས་པས་དཔྱད་ན་ཆོས་གང་ཡང་སྐྱེ་བ་མེད་ལ། དེའི་ཕྱིར་གནས་པ་དང་འགག་པ་

phenomena being devoid of inherent existence, things like seeds and sprouts are not established at all as essentially existent.

Others may object that even though the three other types of production have been rejected, if other-production is not accepted, will it not contradict the presentation of worldly convention? In response, there will be no such contradiction. When analyzing the final condition, no "origination" whatsoever is observed conventionally. If such were observed, it would follow that the conventional truth would withstand scrutiny through reasoning; it would follow that origination on the ultimate level would not be negated; and it would follow that the meditative equipoise of noble ones would entail the disintegration of objects, in that it would possess a nature which denigrates objects. Yet, such is impossible.

Middle way adherents maintain that the utter non-observation of any phenomenon whatsoever ultimately and their observation according to mere convention are a single reality. Proponents of entities object to this, holding that emptiness and dependently arisen appearance are contradictory. What is negated through ultimate level scrutiny never existed even conventionally and everything that does exist conventionally is not negated through ultimate level scrutiny. This position on emptiness and appearance as a coalescence, like the non-existence of a rabbit horn and the existence of a cattle horn, where emptiness is the negation of an isolated object of negation with names such as the thoroughly imagined, true existence, and the like, on top of conventional phenomena, the basis of negation, which is appearance, is the position of emptiness as an implicative negation. Previous logicians have already proven well that when such a position is thoroughly scrutinized, it does not transcend that of proponents of entities.

Production from both self and other incurs the faults described with respect to both sides, so cannot be claimed for either of the two truths.

Non-production from either self or other, the position that all things arise without cause, is like what was refuted previously in the section on philosophical systems.

When scrutinized in such way through the reasoning that negates origination from the four limits, phenomena are utterly devoid of origination. Therefore, the other features of remaining, ceasing, and

ལ་སོགས་པའི་ཁྱད་པར་གཞན་ཡང་མི་དམིགས་ཏེ་སྱང་ཚམ་མ་འགགས་ལ་སྒྱོས་པ་ནི་
བར་ཞི་བ་ཉིད་དུ་ཤེས་པར་བྱ་སྟེ། ཀྲས་པར་དབུ་མ་འཇུག་པ་ལས་གསུངས་པ་ལྟར་
རོ། །ཡང་ཀྱུ་དུ་མས་འབྲས་བུ་གཅིག་སྐྱེད་པ་དང་། དེ་བཞིན་དུ་མས་དུ་མ། གཅིག་
གིས་དུ་མ། གཅིག་གིས་གཅིག་བསྐྱེད་པའི་སྱ་བཞི་པོ་གང་དུ་ཡང་དཔྱད་ན་མི་འགྱུབ་སྟེ།
ཡུལ་དབང་ཡིད་བྲེད་སྱང་བ་སོགས་ཀྱུ་དུ་མས་འབྲས་བུ་མིག་ཤེས་གཅིག་སྐྱེད་དོ་སྙམ་
ན། ཀྱུ་ཐ་དང་ཀྱུང་འབྲས་བུ་ཐ་མི་དང་གཅིག་སྐྱེད་པས་ན། ཐ་མི་དང་ཀྱུ་མེད་དུ་ཐལ་ལ།
དེ་བཞིན་དུ་ཐ་དད་མེད་པས་ཀྱུང་འབྲས་བུ་ཐ་དད་མེད་པ་མི་སྐྱེད་པས། ཐ་དད་ཐ་དད་
མེད་པའམ་དུ་མ་དང་གཅིག་ནི་ཀྱུ་མེད་པར་འགྱུར་ལ། དུ་མ་དང་གཅིག་གིས་མ་བསྱས་
པའི་དངོས་པོ་མེད་པའི་ཕྱིར། དེས་བསྱས་སོ་ཚིག་ཏུག་ཏུ་ཡོད་པའམ་ཡང་ན་གང་དུའང་
མེད་པར་འགྱུར་རོ། །གལ་ཏེ་ཀྱུ་དུ་མས་འབྲས་བུ་ཡང་དུ་མ་སྐྱེད་དེ། ཡིད་བྲེད་དེ་མ་
ཐག་པས་མིག་ཤེས་ཉིད་ཤེས་པའི་རང་བཞིན་དུ་སྐྱེད་ལ། དབང་པོས་ཡུལ་འཛིན་པ་ཅན་
དང་། ཡུལ་གྱིས་རང་རང་གི་རྣམ་ལྷན་དུ་སྐྱེད་པ་ཡིན་ནོ་སྙམ་ན། ཀྱུ་སོ་སོས་བསྐྱེད་
པའི་བྲི་བྲག་དེ་དག་དང་ཐ་དད་དུ་མེད་པའི་ཕྱིར་རྣམ་ཤེས་ནི་དུ་མར་འགྱུར་རོ། །འདོད་ན་
ཀྱུ་དེ་དག་གིས་འབྲས་བུ་མིག་ཤེས་སྐྱེད་པ་མ་ཡིན་ཏེ་བྲི་བྲག་སོ་སོར་སྐྱེད་ཀྱི་བྲི་བྲག་ཅན་
མིག་ཤེས་ལ་ཀྱུ་མེད་པར་འགྱུར་རོ། །བྲི་བྲག་དེ་རྣམས་རྣམ་ཤེས་གཅིག་ལས་ཐ་དད་དུ་
མེད་ཅེ་ན། ཀྱུ་དུ་མས་འབྲས་བུ་དུ་མ་བྲེད་པར་བཏགས་པ་དོན་མེད་དེ་གཅིག་བྲེད་པར་
འགྱུར་ལ་དེར་སྒྱོན་གོང་དུ་བཤད་ཟིན་ཏོ། །གལ་ཏེ་དོ་བོ་གཅིག་ཀྱུང་སྒྱོག་པས་ཐ་དང་དུ་
བཏགས་པས་སྒྱོན་མེད་ཅེ་ན། ཀྱུ་རྣམས་ཀྱིས་བཏགས་ཚོས་ལ་བྱ་བ་བྱས་ནས། ཇུས་
ཡོད་ཀྱི་རྣམ་ཤེས་མི་སྐྱེད་པས་རྣམ་ཤེས་ནི་ཀྱུ་མེད་དུ་འགྱུར་རོ། །འབྲས་བུའི་དོ་བོ་ནི་
གཅིག་ཡིན་ལ་བྲི་བྲག་རྣམས་དུ་མ་ཡིན་ན་ཚོས་དང་ཚོས་ཅན་ཐ་དད་དུ་ཡང་འགྱུར་རོ། །

so forth are also not observed. Such should be understood as the utter quelling of conceptual constructs, even while mere appearance is unceasing, like what was taught in *Entrance to the Middle Way* in detail.

Moreover, any of the four possibilities—the production of one effect by many causes, likewise, the production of many by many, the production of many by one, and the production of one by one—are not established when scrutinized. One might object that an eye consciousness as an effect is produced by many causes, like an object, sense faculty, attention, light, and so forth.

In response, it follows that since different causes produce one single effect, singularity would be without cause. Likewise, since a singular thing does not produce a singular result, difference and singularity, or one and many would be without cause. And because there does not exist an entity that is not included within one or many, everything included therein would either always exist or never exist.

One might object that many causes produce many results. An immediately preceding act of attention produces the eye cognition, which is itself in the nature of consciousness. Yet, the sense faculty produces something possessing a cognition apprehending the object and objects produce cognitions endowed with their own respective images. In response, because the particular things that are produced by individual causes would be no different from them, consciousness would become multiple. If such were accepted, in response, those causes are not what produce the effect of the eye cognition. They produce individual features, but an eye cognition endowed with features would be causeless.

One might object that those features are no different from a single consciousness. In response, the designation that many causes produce many effects would then be meaningless, since the effect would be construed as singular. Thus the same fault explained above pertains.

One might object that there is no problem with this: although of singular essence, the effect is designated as different by means of its conceptual isolates. In response, since the causes, which function as designated qualities, do not produce a substantially existent consciousness, consciousness would be causeless. If the identity of the result were singular and the features were many, then the qualities and the object possessing them would be separate.

གལ་ཏེ་མི་ཏོག་སྟོན་པོ་ལྟ་བུ་རྒྱ་གཅིག་གིས། རང་གི་རིགས་འཛིན་བསྐྱེད་པ་དང་། གཞན་
གྱི་མིག་ཤེས་སྐྱེད་པ་སོགས་འབྲས་བུ་དུ་མ་བྱེད་པ་ཡོད་དོ་སྙམ་ན། རྒྱ་གཅིག་པུ་དེ་ཁོ་
ནས་བྱེད་དམ། གཞན་དང་བཅས་ནས་བྱེད། དང་པོ་ལྟར་ན་ཐ་དད་པ་རྒྱ་མེད་དུ་འགྱུར་
ཞིང་། རྒྱ་གཅིག་གིས་ཀྱང་གཅིག་མི་བྱེད་པས་གཅིག་དང་དུ་མ་རྒྱ་མེད་དུ་ཐལ་བ་སྟར་
བཞིན་ནོ། །གལ་ཏེ་ཡུལ་སྟོན་པོ་ལྟ་བུ་དེས་ཀྱང་། སྣང་དབང་ཡིད་བྱེད་ལ་ལྟོས་ནས་
མིག་ཤེས་སྐྱེད་པ་ལྟ་བུས་ན། གཞན་གྱིས་ཀྱང་སྐྱེད་དོ་ཟེར་ན། བསྐྱེད་བུའི་འབྲས་བུ་དེ་
གཅིག་པུར་མི་འགྱུར་ཏེ། རྒྱས་ཁྱད་པར་སོ་སོས་སྐྱེད་པའི་ཁྱད་པར་དུ་མ་ཚན་ཡིན་པའི་
ཕྱིར་རོ། །གལ་ཏེ་རྒྱ་གཅིག་གིས་རང་གི་འབྲས་བུ་གཅིག་སྐྱེད་དོ་ཟེར་ན། མིག་དབང་
ལྟ་བུས་རང་གི་རིགས་འཛན་སྐྱེད་པ་ཙམ་ལས། མིག་ཤེས་སོགས་སྐྱེད་པའི་བུ་བ་མི་བྱེད་
པས། འགྲོ་བ་རྣམས་འོན་ལོང་དུ་ཐལ་བ་སོགས་གནོད་པ་ཆེན་པོར་འགྱུར་རོ། །འདི་
ནི་དབུ་མ་བདེན་གཉིས་ལས་གསུངས་པའི་རིགས་པའོ། །གཞན་ཡང་རྒྱ་དུ་མས་འབྲས་
བུ་གཅིག་སྐྱེད་ན། འབྲས་བུ་ལ་ཚོས་དུ་མ་མེད་པར་རིགས་ན་ཡང་དུ་མ་མེད་པའི་ཚོས་
གཅིག་བདེན་མི་སྲིད་དོ། །དུ་མས་དུ་མ་བསྐྱེད་ན་རྒྱུ་དུ་མས་འབྲས་བུ་གཅིག་སྐྱེད་པའི་
བུ་བ་བྱེད་པ་མི་སྲིད་པས་རྒྱུ་དུ་མ་ཚོགས་པ་དོན་མེད་དོ། །གཅིག་གིས་དུ་མ་བསྐྱེད་
པ་ལ་ཡང་རྒྱ་གཅིག་པུ་ཆ་མེད་པ་མི་སྲིད་ལ། རྒྱ་གཅིག་གིས་གཞན་ལ་ལྟོས་མེད་དུ་
འབྲས་བུ་བསྐྱེད་པ་མེད་པའི་ཕྱིར་རོ། །གཅིག་གིས་གཅིག་སྐྱེད་པ་མ་ཡིན་ཏེ། རྒྱ་རྐྱེན་
ཚོགས་པའི་ཆུལ་གྱིས་འབྲས་བུ་སྐྱ་ཚོགས་བྱེད་པ་དང་འགལ་བའི་ཕྱིར་རོ། །དེས་ན་རྒྱ་
འབྲས་ཀྱི་དངོས་པོ་གང་ལ་ཡང་གཅིག་བདེན་མེད་ལ། དེ་མེད་པས་དེས་བརྫམས་པའི་
དུ་མའང་མེད་མོད། ཚོས་དུ་མ་ལའང་རིགས་མཐུན་པ་སོགས་ཀྱི་རྒྱ་མཚན་ལས་གཅིག་
ཏུ་བཏགས་པ་དང་། གཅིག་ལའང་ཁྱད་པར་གྱི་དབྱེ་བས་ཐ་དད་དུ་བཏགས་པ་ལ།

On might object that a single cause like a blue flower makes several results—it produces something resembling itself in type, it produces a separate eye cognition, and so forth. In response, would it be exclusively the cause alone that acts, or would it act in the company of others? If the former were the case, difference would be causeless. And since a single cause also does not make a single thing, like before, it would follow that singularity and multiplicity would be causeless.

One might object that an object, such as blue [flower], produces an eye cognition in dependence upon light, a sense faculty, an act of attention, and so forth. Thus, other things also produce it. In response, the result produced would not be singular, since it would be endowed with multiple features produced by its individual causal features.

One might object that a singular cause produces its own singular result. In response, something like an eye sense faculty would only produce a type similar to its own. But since it would not perform the function of producing an eye cognition and the like, it would follow that all sentient beings would be deaf and blind. Such would be greatly problematic in this and other ways. This is the reasoning taught in the *Two-truths of the Middle Way.*

Moreover, if multiple causes produced a single result, it would be reasonable that the result would be without multiple phenomena. However, a true singular phenomenon without multiplicity is impossible. If multiple things produced multiple things, since it would be impossible for multiple causes to perform the function of producing a singular result, a collection of multiple causes would be pointless. The same goes for the production of many by one, because a singular, partless cause is impossible and a single cause would not produce a result without depending upon something else. One thing does not produce one thing, because this would contradict the production of various results by way of a collection of causes and conditions. Consequently, there is indeed no true singularity among any of the entities within cause and result. And since that does not exist, neither does any multiplicity formed by it. Yet, due to the reason of concordant type and so forth, multiple phenomena are designated as one, and due to the distinction of attributes, a single thing is designated as separate things.

རྒྱུ་འབྲས་ཀྱི་ཐ་སྙད་འཇོག་པ་ཙམ་ལས་དཔྱད་ན་མུ་བཞི་གང་དུ་ཡང་མི་འགྲུབ་པས་
དངོས་པོ་རྣམས་བཅུག་མི་བཟོད་པ་རྟེ་ལས་ལྟར་ཤེས་པར་བྱའོ། །འདི་ལ་རྒྱུ་འབྲས་
གཉིས་ཀ་ལ་དཔྱོད་པ་སུ་བཞི་སྟེ་འགོག་ཅེས་གཏན་ཚིགས་ལྟ་ཡི་གྲངས་སུ་བཞེད་པ་ཡོད་
ལ། དེ་ལྟར་འཕད་ཀྱང་འགལ་བ་མེད་མོད་འདི་རྒྱུ་ལ་དཔྱོད་པའི་ཁོངས་སུ་བསྡུས་ནས་
གཏན་ཚིགས་བཞིར་བྱས་ན་ཡང་འཐད་པར་མཐོང་སྟེ། རྒྱུ་འབྲས་དེ་བོ་ཉིད་གསུམ་ལ་
དཔྱད་པའི་རིགས་པའི་སྐྱོ་མི་འདུ་བ་གཞན་ཡང་ཡོད་པ། དཔེར་ན་དུས་གསུམ་གྱིས་ཕྱི་
ན་འབྱས་བུ་དེ་འདས་པ་འགགག་པའི་ཕྱིར་མི་སྐྱེ་ལ། མ་འོངས་པ་མ་སྐྱེས་པའི་ཕྱིར་མི་
སྐྱེ་ཞིང་། ད་ལྟ་བ་གྲུབ་ཟིན་པ་ལ་སྐྱེ་བ་མེད་ལ་སོགས་པ་ལྟ་བུའོ། །ཡང་བསྐྱེད་བུ་
འབྲས་བུ་དེ་ཡོད་པའམ་མེད་པའམ་གཉིས་ཡིན་གཉིས་མིན་གང་སྐྱེད། གལ་ཏེ་ཡོད་
པ་ཞིག་སྐྱེའི་སྐྱམ་ན་མི་འབྱད་དེ། ཡོད་པ་ནི་རང་གི་ངོ་བོ་གྲུབ་ཟིན་པས་ད་གཟོད་རྒྱས་
བསྐྱེད་མི་དགོས་ཏེ། ནས་སྟིན་ཟིན་པ་བཞིན་ནོ། །ཡོད་ཀྱང་སྐྱེ་དགོས་ན་ཐུག་མེད་དུ་
འགྱུར་རོ། །མེད་པ་ནི་སྐྱེད་མི་ནུས་ཏེ་རི་བོང་གི་ར་བཞིན་ནོ། །གལ་ཏེ་སྐྱར་མེད་པ་ཉིད་
རྒྱས་གསར་དུ་ཡོད་པར་བྱེད་དོ་སྙམ་ན། མེད་པ་དང་ཡོད་པ་གཉིས་ཕན་ཚུན་སྤུང་སྟེ་
འགལ་བའི་ཕྱིར། དངོས་པོའི་དོན་ལ་སྐྱར་མེད་པ་ཉིད་ཕྱིས་སུ་ཡོད་པར་འགྱུར་བ་ཞིས་
བྱ་བ་གང་ཡང་མེད་དེ། རྒྱུ་ལ་བརྟེན་ནས་འབྲས་བུ་སྐྱང་བ་ལ། སྤུར་མ་སྐྱང་བ་དང་ད་
ལྟ་སྐྱང་བ་གཉིས་སྐྲོས་སྐྱིལ་ནས། སྤུར་མེད་སྐྱིའི་ཞིས་བཏགས་པ་ཙམ་མོ། །དེ་བཞིན་
དུ་སྐྱུར་ཡོད་པ་ལ་ཕྱིས་མེད་པ་ཡང་སྟུ་ཕྱི་བསྒོམས་ནས་བཏགས་པ་སྟེ། དངོས་པོ་རྣམས་
ཉེན་འབྲེལ་གྱི་དབང་གིས་སྐྱང་བ་ཙམ་ལས་ཡོད་པ་མེད་པར་གོ་འཕོས་པ་དང་། མེད་པ་
ཡོད་པར་གོ་འཕོས་པ་ནི་ཅི་ཡང་མེད་དོ། །སྐྱེ་བ

The convention of cause and result is only posited with respect to that. However, when analyzed, none of the four possibilities whatsoever are established. Thus, all things should be understood to not withstand scrutiny, like a dream.

It is maintained that this analysis, "the analysis of both cause and result, the refutation of the four possibilities of origination," is included in an enumeration of five reasonings. Despite having explained such, there is indeed no contradiction. However it also seen as tenable to include this within the analysis of the cause, thus making four reasonings.

There are also many other avenues of reasoning for analyses of the triad of cause, result, and essence, [*ngo bo nyid*]. These are like, for example, the fact that when divided according to the three times, since a past result has ceased, it does not arise; since its future has not arisen, it does not arise, and since its present has already been formed, it does not arise.

Alternatively, we can ask what kind of result is produced: an existent one, a non-existent one, both, or neither. One might imagine that an existent thing arises. But since for an existent thing, its nature has already been formed, it would not need to be produced by a cause anew, like a wound that has already come to term. If it needed to be produced despite already existing, there would be no end to it.

A non-existent thing cannot be produced. It is like the horn of a rabbit. One might imagine that something that did not exist previously is made to exist anew through a cause. But the two, non-existent and existent, are mutually exclusive because they are contradictory. In actual fact, "something non-existent before which becomes existent later" does not exist at all. "Something that did not exist before is arising" is simply imputed to a result arising in dependence upon a cause based on mentally connecting the pair of something that did not appear previously and something that appears now. Likewise, that something existent previously would not exist later is also imputed based on combining together before and after. All things only appear through the force of dependent origination. Aside from that, there does not exist in the least something existent transformed into something non-existent and something non-existent transformed into something existent. Origination,

དང་འགག་པ་གནས་པ་དང་མི་གནས་པ་དང་། བདག་ཡོད་པ་དང་བདག་མེད་སོགས་
ཀྱང་དེ་དང་འདྲ་སྟེ། ཐམས་ཅད་སྡུང་ཚམ་དོ་བོས་སྟོང་པ་ཡིན་པས། ཡང་དག་པའི་དོན་
དུ་ཆོས་གང་ཡང་གོ་འཕོ་བ་དང་། འགྲོ་འོང་དང་། སྐྱེ་འགག་དང་། འཐིལ་འགྲིབ་
ལ་སོགས་པའི་ཁྱད་པར་གང་དུའང་མི་དམིགས་པའོ། །དེ་ལྟར་འབྲས་བུ་ཡོད་མེད་གང་
ཡང་མི་སྐྱེ་ན། དེ་གཉིས་ལས་གཞན་པའི་འབྲས་བུ་སྐྱེ་ཚུལ་མི་སྲིད་པས། འབྲས་བུ་
སྐྱེ་བ་རྫེ་ལྟར་ཁས་ལེན་སྐྱམ་ན། འབྲས་བུ་སྐྱེ་བ་ནི་ཉིད་འབྲེལ་གྱི་སྲུང་བ་སྐྱ་མེད་ཚམ།
ཡོད་མེད་དུ་དཔྱད་ན་མ་གྲུབ་པ་སྐྱ་མ་ལ་སོགས་པ་ལྟར་ཁས་ལེན་ནོ། །ཡོད་མེད་གཉིས་
ཀ་ཡིན་པ་ནི་མི་སྲིད་དེ་ཐན་ཚུན་འགལ་བའི་ཕྱིར་དང་། ཡོད་མེད་གཉིས་ཀ་མིན་པའང་
མི་སྲིད་དེ་དངོས་འགལ་བར་ན་ཕུང་གསུམ་པ་མི་སྲིད་པའི་ཕྱིར་རོ། །འོ་ན་འདི་སྐྲབས་
གཉིས་མིན་མི་སྲིད་པ་བཞིན་དུ། མཐའ་བཞིའི་སྤྲོས་བྲལ་གྱི་སྐྲབས་སུ་གཉིས་ཀའི་བདག
ཉིད་མིན་པའང་མིན། །ཞེས་པ་དང་། ཡོད་པ་མིན་མེད་པ་མིན་ཞེས་ཁྱད་པར་མ་སྦྱར་
བར་ཁས་ལེན་པ་ལྟར་ན། དངོས་འགལ་བར་ན་ཕུང་གསུམ་མི་སྲིད་པས་དགག་པ་
གཉིས་ཀྱི་རྣལ་མ་གོ་བ་དང་། གང་ཡང་མིན་པ་ལ་དོན་འདི་ཡིན་ཞེས་གོ་རྒྱུ་མེད་པས་ཅི
ཡང་ཁས་མི་ལེན་པ་ངན་གཡོའི་ལྟ་བ་ལྟ་བུ་ལས། རང་ལུགས་འདི་ཞེས་རེས་པ་མི་རྟེད་
དོ་སྐྲམ་དུ་བྱེས་པ་ལས་དང་པོ་བ་རྣོ་རྣུང་རྣམས་སེམས་ན་དེ་ལྟར་མ་ཡིན་ཏེ། དམིགས་པ་
ཚན་གྱི་གཞི་ལ་གནས་པ་དེ་སྲིད་དུ་མཐའ་བཞི་ཅིག་ཆར་ལོག་པའི་འཇོན་སྤྱངས་མི་སྲིད་
པས། ཁྱད་པར་སྦྱར་ནས་གང་རུང་དུ་ཁས་ལེན་ཅིང་དེ་ལ་འཇོན་སྤྱངས་ཀྱིས་དམིགས་པ
ཡིན་ལ། དེ་ནི་རྣམ་པར་རྟོག་པའི་རང་བཞིན་ལས་མ་འདས་པའོ། །དམིགས་པ་ཐམས་
ཅད་དེ་བར་ཞི་བའི་སྤྲོས་བྲལ་ལ་ནི་མཐའ་བཞི་གང་གིས་ཀྱང་དམིགས་པ་དང་ཁས་ལེན་
མེད་མོད། དེ་ཁོ་ན་ཉིད་མ་རྟོགས་པའི་མུན་པ་ལྷ་བུ་དང་། སེམས་མེད་ཀྱི་གནས་སྐབས
ལྷ་བུ་མ་ཡིན་ཏེ།

cessation, subsistence, non-subsistence, existent self, non-existent self, and the rest, are also the same, in that everything is mere appearance, empty of essential nature. Therefore, according to actual fact, the transformations of any phenomena whatsoever, going and coming, arising and ceasing, increasing and decreasing, and the rest—no such features are observed anywhere at all.

One might speculate that if neither an existent nor a non-existent result arises, since another manner for a result to arise other than those two is impossible, how is it accepted that results arise? In response, the arising of a result is only the ineluctable appearance of dependent origination. When scrutinizing its existence or non-existence, it is accepted to be non-existent, like an illusion and so forth.

For it to be both existent and non-existent is impossible because those are mutually contradictory. And for it to be neither existent nor non-existent is also impossible because a third possibility between things that are directly contradictory is impossible.

Beginners of meager intellect might think the following: in that case, just as being neither is impossible in this context, you claim without qualifications in the context of freedom from mental constructs of the four extremes that "neither is it not the identity of either" and "neither existent nor non-existent." In such a case, because a third possibility between things that are directly contradictory is impossible, the genuine meaning is understood through a double negation, and there is nothing to be understood in saying that what is nothing at all is its meaning. Thus, not claiming anything at all is like the view of sophists. "This tradition of ours" does not inspire confidence.

In response, such is not the case. As long as one remains on a foundation replete with objective reference points, a manner of clinging that vanquishes the four extremes simultaneously will be impossible. Therefore, once one has claimed anything based on applying distinctions, one objectively observes it through clinging to it. But that does not transcend the nature of conceptuality. The freedom from conceptual constructs, in which all reference points have been utterly quelled, is indeed without any objective reference or claim related to any of the four extremes. But it is not like the darkness of not having realized suchness or an occasion of unconsciousness. This is because for one's

དཔེ་དང་ཚིག་གིས་མཚོན་པར་དགའ་བ་སྐྱ་བསམ་བརྗོད་མེད་ཀྱི་སྟོབས་ཐུབ་སོ་སོ་རང་
གིས་རིག་པས་རབ་ཏུ་ཕྱེ་བ་ལ་ཏེ་ཚིག་གི་དཔྱད་ཐག་ཆད་པ་རྣམ་པར་མི་རྟོག་པའི་ཡེ་ཤེས་
གང་ཞིག་གཟུང་འཛིན་མེད་ཀྱང་རང་བཞིན་གྱིས་འོད་གསལ་བ་ཉིད་མོར་བྱེད་པ་ལྟ་བུ་
ཡོད་པའི་ཕྱིར་རོ། །དེ་བོ་ལ་དཔྱོད་པ་གཉིག་དུ་བྱལ་ནི། འདུས་བྱས་དང་འདུས་མ་བྱས་
ཀྱི་ཚོས་རྣམས་ཀྱི་ངོ་བོ་ལ། ཐོག་མར་གཉིག་བདེན་དུ་ཡོད་མེད་བརྟག་པར་བྱ་སྟེ། འདུས་
བྱས་ཕུང་པོ་ལྔ་ལས། གཟུགས་ཅན་རྣམས་ནི་སྟེང་འོག་ཕྱོགས་མཚམས་དབུས་ཀྱི་ཆར་
ཕྱེ་བས། བུམ་པ་ལྟ་བུ་དེ་གདགས་གཞིའི་ཚོས་དུ་མ་ལ་གཉིག་དུ་བཏགས་པ་ཙམ་ལས།
གཉིག་བདེན་མི་འགྲུབ་ལ། དེའི་ཆ་ཤས་རྣམས་ཀྱང་དེ་དང་འདུ་ཞིང་། ལུས་དང་ཡན་
ལག་ཀྱང་དེ་ལྟར་ཆ་ཤས་སུ་གསིལ་ཏེ། མདོར་ན་གཟུགས་ཅན་རྡུལ་དུ་གྲུབ་པ་ཐམས་
ཅད་ཀྱི་གཞི་རྡུལ་ཕྲ་རབ་ཀྱི་བར་དུ་བཤིག་ནས། ཕྲ་རབ་དེ་ལ་ཕྱོགས་རྡུལ་རྣམས་ཀྱིས་
བསྐོར་ཚེ་ངོས་སོ་སོ་ཡོད་ན་ཆ་བཅས་སུ་ཐལ་བྱ་མེད་དང་། མེད་ན་ཕྲ་རྡུལ་རྗེ་ཚམ་ཚོགས་ཀྱང་
རྗེ་ཚེར་མི་འགྱུར་བའི་རིགས་པ་ལ་སྤྱར་བའད་པ་བཞིན་ཏེ་གཟུགས་ཅན་ཀྱི་ཚོས་སོ་ཚིག་ལ་
གཉིག་བདེན་མེད་པ་དང་། རྣམ་པར་ཤེས་པ་ཚོགས་བརྒྱད་དམ་དྲུག་པོ་དེ་ཡང་སེམས་
སེམས་བྱུང་སྨྲ་ཚོགས་པ་དང་། དམིགས་པའི་རྣམ་པ་སྣ་ཚོགས་པ་དང་སྐྱེན་བཞི་ཚོགས་
པ་ལས་སྨྲ་ཚོགས་སུ་སྐྱེ་ཞིང་འགགས་པ་ཙན་ཡིན་པའི་ཕྱིར་གཉིག་བདེན་མི་འགྲུབ་ལ། རྒྱུ
ལས་བྱུང་བའི་སྐྱེ་འགགས་ཙན་རྣམས་ཀྱིས་ཤིན་དུ་ཕྲ་བའི་སྐད་ཅིག་ཆ་མེད་ཀྱང་མི་འགྱུབ་
པའི་ཆུལ་གྱིས་དཔྱད་པས། བེམ་ཤེས་ཀྱིས་བསྡུས་པའི་ཚོས་ཐམས་ཅད་ལ་གཉིག་བདེན་
མེད་པ་དང་། སྤྱན་མིན་འདུ་བྱེད་རྣམས་ནི་བེམ་ཤེས་ཀྱི་གནས་སྐབས་ལ་བཏགས་པ་
ཙམ་ལས་རྡོ་བོ་ཉིད་མེད་པ་དང་། འདུས་མ་བྱས་རྣམས་ནི་དགག་བྱ་བསལ་བའི་ཆ་ལ་
བཏགས་པ་ལས་རང་གི་རྡོ་བོས་གྲུབ་པ་མེད་པས། མདོར་ན་འདུས་བྱས་འདུས་མ་བྱས་
ཀྱི་ཚོས་ཐམས་ཅད་ལ་གཉིག་བདེན་མི་འགྲུབ་ལ། དེ་ལྟ་གྲུབ་པས

self-reflective awareness to fully discern the ineffable, inconceivable, indescribable freedom from conceptual constructs, which is hard to exemplify through examples and words, non-conceptual wisdom, in which the cords of doubt have been severed, is without apprehended object and apprehending subject, yet nonetheless possesses natural luminosity, like the sun.

The analysis of the nature, absence of singularity and plurality, is as follows: the nature of all compounded and uncompounded phenomena should initially be analyzed for whether or not it truly exists as a singularity. Among the five compounded aggregates, things that possess form can be divided into upper, lower, cardinal directional, intermediate directional and central parts. Thus, like a pot, several phenomena serving as a basis of imputation are only imputed as a singularity. Beyond that no singularity truly exists. Their parts are likewise the same. The body and its limbs too are fragmented into parts in such a way. In summation, when something with form is broken down to the level of the subtlest particle, the basis of all things materially formed, and that subtle particle is surrounded by particles in all directions, if it has different sides, there would be an infinite regress of further parts. If it does not, then it would not grow larger no matter how many subtle particles were amassed. Such is like the reasoning explained earlier. The entire spectrum of phenomena with form is devoid of true singularity.

Neither is there a truly existent singularity amidst the eight or six collections of cognition, since they arise and cease as a multiplicity based on multiple primary and subsidiary mental states and multiple forms of observed objects. All that has a causally based birth and cessation is thus analyzed by way of not having even an exceedingly subtle part-less moment. Thus, all phenomena included within matter and consciousness is devoid of true singularity. Non-associated composite phenomena, aside from being merely imputed to the context of matter and mind, are devoid of essence. Uncompounded phenomena, beyond being imputed to the factor of a negated object's vacuity, are without existence in and of their own nature. Consequently, in summary, all compounded and uncompounded phenomena are devoid of a truly existent singularity. Without such having been established, any

གཅིག་ལས་བརྫས་པའི་དུ་མ་འང་མི་འགྱུབ་ཅིང་། གཅིག་དང་ཐ་དད་དུ་བདེན་པ་ལས་
མ་གཏོགས་པའི་བདེན་པར་གྱུབ་ཆུལ་གཞན་མེད་པས་ཁྱབ་པའི་ཕྱིར། གང་ཟག་དང་
ཆོས་རྣམས་ནི་རང་གི་དོ་བོ་ཉིད་མེད་པར་གྱུབ་སྟེ། རྒྱས་པར་དབུ་མ་རྒྱན་ལས་གསུངས་
པ་བཞིན་ནོ། །ཐམས་ཅད་ལ་སྐྱེར་དཔྱོད་པ་རྟེན་འབྲེལ་ཆེན་མོའི་གཏན་ཚིགས་ནི། ཆོས་
ཐམས་ཅད་རང་གི་དོ་བོ་ཉིད་ཀྱིས་མ་གྲུབ་སྟེ། རྒྱུ་དང་རྐྱེན་ཚོགས་པ་ལས་སྐྱེ་ཞིང་རྒྱུ་མེད་
ན་མི་འབྱུང་ལ། སྔང་བའི་དུས་ན་ཡང་རང་གི་དོ་བོ་ཉིད་མ་གྲུབ་བཞིན་དུ་སྣང་བ། རྒྱུ་
རྐྱེན་གྱི་བཅོས་མ་གཟུགས་བརྙན་ལྟ་བུ་ཡིན་པའི་ཕྱིར། རྟག་ཆད་དང་འགྲོ་འོང་སྐྱེ་འགག་
དང་གཅིག་ཐ་དད་ཀྱི་སྤྲོས་པ་དང་བྲལ་བ་སྤྱང་ལ་རང་བཞིན་མེད་པ་ཡིན་ནོ། །དེ་ལྟར་
དངོས་པོའི་ཆོས་ཉིད་དང་མཐུན་པར་དོན་དམ་དཔྱོད་བྱེད་ཀྱི་རིགས་པས་གཞལ་ན་རྟེན་
ནས་སྐྱེ་བ་སྐྱེ་མེད་ཆམ་ལས། མཐའ་བཞི་དང་མུ་བཞི་ལ་སོགས་པའི་སྐྱེ་བ་དང་ཡོད་པ་
དང་མེད་པ་རྟག་པ་དང་མི་རྟག་པ་ལ་སོགས་པ་གང་དུ་ཡང་བདེན་པར་གྲུབ་ན་ཐ་སྙད་ཀྱི་
རྣམ་བཞག་མི་རུང་བས་ཐ་སྙད་ཐམས་ཅད་ལ་སྐྱུར་བ་བཏབ་པར་འགྱུར་ལ། བདེན་མེད་
སྐྱུ་མ་ལྟ་བུ་རྟེན་འབྲེལ་གྱི་སྐྱང་བ་དང་སྟོང་ཉིད་དོན་གཅིག་ཏུ་འཆར་བ་དབུ་མའི་ལུགས་
ལ་སྐྱང་ཚམ་གྱི་ཐ་སྙད་ཐམས་ཅད་ཆེས་འཐད་པས་འཇིག་རྟེན་པའི་ཐ་སྙད་དང་། བདེན་
བཞི་དང་མཚོག་གསུམ་སོགས་འཇིག་རྟེན་ལས་འདས་པའི་གྲུབ་མཐའི་ཐ་སྙད་ཐམས་
ཅད་ལེགས་པར་གྲུབ་པ་ཡིན་ནོ། །རིགས་པའི་རྒྱལ་པོ་རྟེན་འབྲེལ་ཆེན་མོའི་ཁོངས་སུ་
རྡོ་རྗེ་གཟེགས་མ་སོགས་དོན་དམ་དཔྱོད་པའི་རིགས་པ་གཞན་ཇི་སྙེད་པ་འདུ་སྟེ། རྟེན་
འབྲེལ་གྱི་སྐྱང་བ་མ་བརྟགས་ཉམས་དགའ་བ་ཙམ་ཡིན་པའི་ཕྱིར། བཏག་ཅིང་དཔྱད་ན་
རྒྱུ་འབྲས་དོ་བོ་ཉིད་གསུམ་གང་ཡང་མི་འགྱུབ་པ་ཡིན་ནོ། །རྟེན་འབྲེལ་གྱི་དོན་ལ་དཔྱོད་
པའི་རིགས་པའི་རྣམ་གྲངས་རྒྱས་པ་ནི་དབུ་མ་རྩ་བ་ཤེས་རབ་སོགས་ལས་གསུངས་པ་
བཞིན་ནོ། །དེ་ལྟར་ཀུན་རྫོབ་ཏུ་རྒྱུ་འབྲས་དོ་བོ་ཉིད་གསུམ་དུ་སྣང་ཞིང་དེ་ལྟར་ཐ་སྙད་
འདོགས་ལ།

plurality formed from a singularity is likewise not established. Since there is necessarily no other mode of truly existing aside from being a true singularity or a true plurality, personhood and phenomena are established as devoid of intrinsic nature, just as it was extensively taught in *Ornament of the Middle Way.*

The general analysis of everything, the reasoning of great dependent origination, is as follows: all phenomena do not emerge by way of their own inherent nature. This is because they arise based on a collection of causes and conditions and do not emerge without a cause. And it is because even when appearing they appear while being devoid of intrinsic nature, like a reflection, which is a fabrication of causes and conditions. Freedom from the mental constructs of permanence and nihilism, going and coming, arising and ceasing and singularity and multiplicity is that things appear while being devoid of nature.

When assessed in such a way through the reasoning that scrutinizes the ultimate meaning in accordance with the nature of things, if there were anything at all, aside from only ineluctable dependent origination, that were truly established as origination from the four extremes, the four possibilities, and the like, or as existent, non-existent, permanent, impermanent, and so forth, then a conventional presentation would not be feasible, and all conventions would therefore be denigrated. Yet, in the Middle way tradition, where untrue, illusion-like dependently arisen appearance and emptiness arise as a single reality, all the conventions of mere appearance are highly tenable. Therefore, all mundane conventions, as well as all the supra-mundane philosophical conventions of the Four Truths, the Three Jewels and the rest are well established in it.

Within the king of reasonings, the great dependent origination, is included all other reasonings which scrutinize the ultimate meaning, such as the vajra-splinter and the rest. Since dependently arisen appearance is only uncritical consensus, when it is analyzed and examined the triad of cause, effect, and nature is not established at all. A more elaborate set of reasonings that scrutinizes dependently arisen objects is taught in the *Fundamentals of the Middle Way* and elsewhere.

In that way, things appear in their relative dimension in terms of the triad of cause, result, and nature, and such conventions are designated.

དོན་དམ་པར་རྒྱུ་འབྲས་རྡོ་བོ་ཉིད་གསུམ་གྱི་རང་བཞིན་མེད་པ་རྣམ་ཐར་སྒོ་གསུམ་གྱི་
བདག་ཉིད་སྟོང་པ་ཉིད་དེ།   དེ་ལྟར་བདེན་གཉིས་དབྱེར་མེད་ཟུང་དུ་ཞུགས་པའི་རྣམ་
གྲུན་མཆོག་ལྡན་གྱི་སྟོང་ཉིད་ནི་དངུ་མའི་ལམ་གྱི་རྟོགས་བྱ་ཆོས་ཀྱི་དབྱིངས་ཞེས་བྱ་བ་སྟེ།
རྟོགས་བྱའི་མཆོག་དུས་གསུམ་གྱི་རྒྱལ་བ་སྲས་དང་བཅས་པའི་ཡུམ་ཉིད་དོ།   །སྤྱང་
སྟོང་བདེན་པ་དབྱེར་མེད་མཉམ་པ་ཉིད་ནམ་མཁའི་དཀྱིལ་ལྟ་བུའི་དོན་དེ་རྣམ་པར་རྟོག་
པའི་ཡུལ་ལས་འདས་པའི་ཕྱིར་བསམ་བརྗོད་དང་བྲལ་ཀྱང་རྣམ་པར་མི་རྟོག་པའི་ཡེ་ཤེས་
ཀྱིས་སོ་སོ་རང་རིག་པའི་ཚུལ་དུ་མཉམ་པར་འཇོག་ཅིང་།   རྗེས་ཐོབ་ཏུ་ཚོས་ཐམས་ཅད་
སྒྱུ་མ་དང་རྨི་ལམ་གཟུགས་བརྙན་དང་སྒྱུ་ལ་ལ་སོགས་པའི་དཔེ་དང་མཚུངས་པར་
སྣང་ལ་རང་བཞིན་མེད་པའི་རིས་ཤེས་དང་ལྡན་པ་བདེན་གཉིས་སོ་སོར་འབྱེད་པའི་ཤེས་
རབ་ཀྱིས་གཞི་ལམ་འབྲས་བུའི་རྣམ་བཞག་ཐམས་ཅད་མ་རྫོངས་པར་རྟོགས་ཤིང་སྟོན་
པར་བྱེད་དོ།   །འདི་ལྟར་སྟོང་པ་ཉིད་ཀྱི་དོན་ཁོང་དུ་ཆུད་པ་ལས་ཐེག་པ་ཆེན་པོའི་ལམ་
དང་འབྲས་བུའི་ཡོན་ཏན་ཐམས་ཅད་འབྱུང་བ་ཡིན་ནོ།   །ཐེག་ཆེན་བཀའ་བཏགས་ཀྱི་
ཕྱག་རྒྱ་བཞི་གཏན་ལ་དབབ་པའི་སྐབས་སོ།། ||

Yet, in their ultimate dimension, they are emptiness, the identity of the three gates of liberation, lacking the nature of the triad of cause, result, and nature. Such is the emptiness endowed with the supreme of all characteristics, in which the true truths are an indivisible co-alescence, the object to be realized through the path of the Middle way called "the expanse of reality," the supreme among objects to be realized, the very mother of the buddhas of the three times and their offspring. Since the dimension of the truth of the indivisible equality of appearance and emptiness, like the center of space, transcends the domain of conceptuality, it is inconceivable and ineffable. However, through non-conceptual wisdom one rests in equipoise in the manner of individual self-reflective awareness. Then in post-meditation one is enabled to unerringly understand and to teach all the presentations of ground, path and fruition through the knowledge which differenti-ates between the two truths and is endowed with the conviction that all phenomena, like the examples of an illusion, a dream, a reflec-tion, an emanation, and the rest, are devoid of nature even while ap-pearing. In this way, all the good qualities of the path and fruition of the Mahayana come from comprehending the meaning of emptiness. This concludes the section on resolving the four seals according to the Mahayana.

PART TWO

THE FOUR RIGHT
DISCRIMINATIONS

དོན་སོ་སོ་ཡང་དག་པར་རིག་པ།

ཆོས་སོ་སོ་ཡང་དག་པར་རིག་པ།

དེ་ལྟར་གནས་བཅུ་དང་སྟོམ་བཞིའི་དོན་རྟོགས་པ་རྒྱ་ཆེ་བ་དང་ཟབ་མོའི་རྣོ་ལྷན་ནེས་དམ་
པའི་ཆོས་ཀྱི་ཚུལ་ལེགས་པར་འཛད་པའི་སྤོ་ནས་རྒྱལ་བའི་བསྟན་པ་སྐྱེལ་བར་བྱེད་པ་
ཡིན་ལ། དེ་ཡང་སོ་སོ་ཡང་དག་པར་རིག་པ་བཞི་དང་ལྡན་པ་ལས་འབྱུང་བས་ན་དེ་
བཤད་པ་ལ། རང་པོ་དོན་སོ་སོ་ཡང་དག་པར་རིག་པ་ནི། འཁོར་འདས་ཀྱི་ཆོས་རྣམས་
ཀྱི་ངོ་བོ་དང་དབྱེ་བ་སོགས་ལ་ཚུལ་བཞིན་མཁས་པ་ཡིན་པས། དེ་དག་ནི་གོང་དུ་རྒྱ་ཆེ་
བ་མཁས་བྱའི་གནས་བཅུ་དང་། ཟབ་པ་སྟོམ་བཞིའི་དོན་ཇི་སྐྱད་བཤད་པ་བཞིན་ཁོང་
དུ་ཆུད་ནས་ཤེས་བྱའི་དོན་ཐམས་ཅད་ལ་མ་རྨོངས་པའོ། །གཉིས་པ་ཆོས་སོ་སོ་ཡང་
དག་པར་རིག་པ་ནི། ཤེས་པར་བྱ་བའི་དོན་དེ་དག་རྟོད་བྱེད་ཀྱི་ང་རྣམ་དག་གསུང་
རབ་དམ་པའི་ཆོས་ཀྱི་ཚིག་དང་དོན་ལ་མཁས་པ་སྟེ། དེ་ཡང་ལུང་ཡང་དག་ཏུ་གྱུར་
པ་སངས་རྒྱས་ཀྱི་གསུང་རབ་ཀྱི་དབྱེ་བ་ལ་རྒྱས་པར་ཨན་ལག་བཅུ་གཉིས་ཏེ། གསུང་
སྐུ་བ་སོགས་ཀྱི་དགོས་པའི་ཕྱིར་དོན་གྱི་རྣམ་གྲངས་ཅུང་པ་ཚམ་སྤྱོས་པ་མདོ་ཨེ་སྟེ་དང་།
བར་མཐར་ཚིགས་སུ་བཅད་པའི་དབྱངས་ཀྱིས་བསྙད་པ་དང་། ཉན་ཐོས་འདས་མ་
འོངས་ལུང་བསྟན་པ་དང་། རྐང་པ་གཉིས་པ་ནས་དྲུག་པའི་བར་གྱི་ཚིགས་སུ་བཅད་དེ་
གསུངས་པ་དང་།

27

RIGHT DISCRIMINATION OF
MEANING AND DHARMA

The wise with vast and profound understanding of the meaning of such Ten Topics and Four Seals will cause the teachings of the Victorious One to flourish by means of eloquently explaining the manner of the sublime Dharma. Since such explanation comes from possessing the four right discriminations, I shall now explain them.

First, the right discrimination of meaning is to be non-deluded about the meanings of the objects of knowledge through being properly learned in the identities and classifications and so forth of all phenomena within samsara and nirvana, and thus comprehending them according to the meaning of the vast Ten Topics to be learned in and the profound Four Seals explained above.

Second, the right discrimination of Dharma is to be learned in the words and meanings of the sublime Dharma, the authentic Exalted Speech, which expresses the meaning of what is to be known. To elaborate, the categories of the Exalted Speech of the Buddha, which is authoritative scripture, extensively consist of twelve branches:

1) Sūtra Sections, which express only the unadulterated categories of meanings, for the purpose of being easy to memorize, and so forth;
2) Proclamations in Song, which are verses uttered during and at the end of sūtras;
3) Prophesies, concerning past and future shravakas;
4) Poetic Statements, in verses between two to six lines;

གང་ལ་ཡི་རང་ནས་ཆེད་དུ་བརྗོད་པ་དང་། གང་ཟག་གང་ལ་བསྐུལ་པ་གང་བཅས་ཚུལ་སོགས་ཀྱི་སྐྱིང་གཞི་དང་ལྡན་པ་དང་། དཔེ་དང་བཅས་ཏེ་རྟོགས་པ་བརྗོད་པ་དང་། སྟོན་གྱི་སྐྱོར་བ་བསྟན་པ་དེ་ལྟ་བུར་བྱུང་བ་དང་། བྱང་ཆུབ་སེམས་དཔའ་རྣམས་ཀྱི་སྤྱོད་ཀྱི་སྐྱེ་རབས་བརྗོད་པ་དང་། བྱང་སེམས་ཀྱི་བསླབ་བྱ་ཡར་ཕྱིན་སོགས་ཟབ་དང་རྒྱ་ཆེའི་དོན་ཕྱིན་ཏུ་རྒྱས་པར་སྟོན་པ། འདི་ལ་རྣམ་པར་འཐག་པ་དང་མཚུངས་བྲལ་ཀྱང་ཟེར་རོ། །ཉན་ཐོས་དང་བྱང་སེམས་ཀྱི་རོ་མཆར་རྐྱད་དུ་བྱུང་བ་བསྟན་པ་དང་། ཉེས་བྱའི་ཚོས་རྣམས་ཀྱི་མཚན་ཉིད་ཕྱིན་ཅི་མ་ལོག་པར་གཏན་ལ་དབབ་པ་ལ་དང་བཅུ་གཉིས་སོ། །དེ་ལས་དང་པོ་ལུང་ཉན་ཐོས་ཀྱི་སྡེ་སྣོད། དེ་རྗེས་སྐྱིང་གཞི་སོགས་བཞི་ནི་འདུལ་བ། དེ་རྗེས་རྒྱས་རྐྱད་བྱུང་གཉིས་བྱུང་སེམས་ཀྱི་སྡེ་སྣོད། གཏན་དབབ་ཐེག་པ་ཆེ་ཆུང་གཉིས་ཀའི་མཛོད་པའི་ཞེས་ཀུན་བཏུས་སུ་གསུངས། དེ་ཐམས་ཅད་བསྡུ་ན་སྡེ་སྣོད་གསུམ་དང་། དེ་ཡང་བསྡུ་ན་ཐེག་པ་ཆེ་ཆུང་གི་སྡེ་སྣོད་གཉིས་སུ་འདུའོ། །སྡེ་སྣོད་གསུམ་ནི་འདུལ་བ་མདོ་སྡེ་མཛོད་པ་གསུམ་སྟེ། དེ་དག་གིས་རིམ་པ་བཞིན་སྤྱོད་པ་ལན་པ་དང་། ཤེ་ཚོམ་དང་། ལྟ་བ་དེ་མ་ཚན་སྤོང་བ་དང་། བསྐྱབ་པ་ཚུལ་ཁྲིམས་ཏིང་འཛིན་ཤེས་རབ་གསུམ་གཙོ་ཆེར་སྟོན་པའམ། ཡང་ན་མདོ་སྤྱིས་བསྐྱབ་པ་གསུམ་ཀ འདུལ་བས་ཚུལ་ཏིང་གཉིས། མཛོད་པས་ཤེས་རབ་སྟོན་ཞེས་ཀྱང་གསུངས། ཡང་བྱེད་ལས་ཀྱི་སྐོ་ནས། མདོ་སྙེས་ཚོས་དང་དོན་གཉིས་ལ་ཐེ་ཚོམ་སེལ་བ་དང་། འདུལ་བས་དེ་གཉིས་སྐྱབ་པ་དང་། མཛོད་པས་དེ་གཉིས་འབྱལ་གཏུམ་གྱི་སྒྲོ་ནས་གཏན་ལ་འབེབས་པར་བྱེད་པའོ། །གང་དུ་གསུངས་པའི་ཡུལ་དང་གང་ཟག་སོགས་ཀྱི་སྐྱིང་གཞི་དང་བཅས་ཏེ་བདེན་གཉིས་ཀྱི་མཚན་ཉིད་ཚོས་དང་

5) Special Aphorisms, made out of exaltation for something;
6) Ethical Narratives, which advise certain people how to behave, and so forth;
7) Illustrative Narratives, together with analogies;
8) Ancient Narratives, which illustrate ramifications of the past;
9) Former Life-story narratives of bodhisattvas;
10) Exceedingly Extensively Teachings on profound and vast topics like the bodhisattva trainings of the perfections, and so forth, also called the Complete Destruction and the Matchless.
11) Miraculous Accounts, which illustrate the wonders of the shravakas and bodhisattvas; and
12) Decisive Explanations, which unerringly resolve the characteristics of all phenomena to be known.

It is said in the *Compendium of Higher Knowledge* that from among those, the five first are the shravakas Collection; the next four, including Ethical Narratives and so forth are Vinaya; the next two, including Exceedingly Extensively Teachings and Miraculous Accounts are the Bodhisattva Collection; and the Decisive Explanations are Abhidharma belonging to both the great and the lesser vehicles.

When subsumed further, all of these are included within the Three Collections, and when subsumed further still, the Two Collections of the great and the lesser vehicles.

The Three Collections are the Vinaya, Sutra Sections and Abhidharma. Respectively, these relinquish negative conduct, doubt and defiled points of view, and emphasize the three trainings of ethical discipline, meditation, and discriminating knowledge. Alternatively, it is also said that the Sutra Sections teach all three trainings, the Vinaya teaches both ethical discipline and meditation, and the Abhidharma teaches discriminating knowledge.

In terms of their functions, the Sutra Section acts to eradicate doubt about both the Dharma and its meanings. The Vinaya hastens the accomplishment of both. The Abhidharma brings about the resolution of both by means of copious expressions.

The content of the Collection of the Sutra Sections is the Dharma—the characteristics of the two-truths—taught with profound enlightened

དོན་དུ་ལྷུན་པ་དགོངས་པ་ཟབ་མོས་བསྐུན་པ་ནི་མདོ་སྡེའི་སྤྱི་སྟོང་ཀྱི་དོན་ཏོ། །སྐྲིང་
གཞི་དང་ལྷུན་པར་བཅས་པ་མཛད་ནས། །ལྱུང་དང་ལྱུང་མིན་གྱི་དབྱེ་བ་དང་ལྱུང་བ་དེ་
ལས་ལྱུང་བའི་ཐབས་སྟོན་པ་ནི་འདུལ་བའོ། །སྤྱི་སྟོད་གང་དུ་བདེན་པ་བྱང་ཕྱོགས་རྣམ་
ཐར་སོགས་ངེས་པར་བསྐུན་པས་སྱུང་འདས་ལ་མངོན་དུ་ཕྱོགས་པ་དང་། །ཕྱང་ཁམས་
སོགས་ཀྱི་ཚོས་རེ་རེ་ལ་ཡང་རྣམ་དབྱེ་སྣ་ཚོགས་ཕྱེ་ནས་ཡང་ཡང་གཏན་ལ་འབེབས་
པ་དང་། །མདོ་སྡེའི་དོན་རྣམས་རིགས་པའི་ངེས་པས་མངོན་དུ་རྟོགས་པར་བྱེད་ཅིང་།
བརྩད་པའི་སྐྲོ་ནས་པ་རོལ་ཟིལ་གྱིས་གནོན་པར་བྱེད་པ་མངོན་པའི་དོན་ཏོ། །དེ་ལྱར་
གསུང་རབ་ཀྱི་ཚོས་དེ་དག་ལ་ཐོས་བསམ་སྤོམ་གསུམ་གྱི་སྤྱོ་ནས་དམིགས་པས་རིས་པ་
ལྱུར་ལམ་གྱི་བག་ཆགས་འཚོག་པ་དང་དོན་རྟོགས་པ་དང་།   རྣམ་པར་གྲོལ་བར་བྱེད་
ཅིང་ཚོས་སོ་སོ་ཡང་དག་པར་རིག་པ་འཐོབ་པར་འགྱུར་རོ། །དེ་ཡང་ཇི་ལྱ་བུས་དན་
པའི་ཚོས་ཀྱི་དམིགས་པ་ཚོལ་ཞེ་ན།   མིང་ཚོག་ཡི་གེའི་བདག་ཉིད་ཅན་གྱི་མིང་དང་།
བརྗོད་བྱ་ཕྱང་ཁམས་སོགས་ཀྱི་དོན་དང་།   མིང་དོན་འབྲེལ་ནས་བྱམ་པ་ལྱ་བུའི་དོ་བོར་
འདོགས་པ་དང་།   བྱམ་པའི་སྤོ་བ་ལྱ་བུ་བྱེད་པར་དུ་འདོགས་པ་ཀུན་དུ་ཚོལ་བ་བཞིའི་
སྤོ་ནས་འཇུག་ཅིང་།   དེ་ལས་ཐ་སྙད་རྣམས་གསལ་བར་བྱེད་མོད་ཀྱི་དེ་བཞི་དོན་ལ་མ་
གྲུབ་པའི་ཚུལ་ཤེས་ན་མིང་མི་དམིགས་པ་སོགས་ཡོངས་སུ་ཤེས་པ་བཞི་འབྱུང་རོ། །དེ་
དག་གདམས་ངག་གསི་ནྱམས་སུ་ལེན་ཚུལ་བསྐུན་ན་ཡེ་ཤེས་སྦྱང་བ་རྒྱན་གྱི་མདོ་ལྱ་བུ་
གསུང་རབ་དེའི་མིང་གི་སྐྲ་སྤྱི་ལ་སེམས་འཇོག་པ་རྩ་བའི་སེམས་དང་།   གཞུང་དེར་རྟོང་
བྱེད་ལེའུ་དང་སྤྱོ་ག་སོགས་གྲངས་དུ་ཡོད་པ་ལྱ་བུའི་ཚོག་གི་རབ་དབྱེ་ལ་དཔྱོད་པ་དང་།

realization endowed with its significance, and which has been combined with the narrative setting of the place where it was taught, the people to whom it was taught, and so forth.

The Vinaya is what teachers the dividing line between what is and is not an ethical downfall, as well as the means of recovering from those downfalls, combined with the narrative setting.

The content of Abhidharma is the Collection where the truths, pure factors, complete liberation, and so forth are definitively taught, thereby manifestly directing one towards nirvana. It is where each of the phenomena of the aggregates, the constituents, and so forth are repeatedly resolved by distinguishing their multiple categories. It enables one to manifestly realize the contents of the Sūtra Sections through the certainty of reasoning. It enables one to overcome opponents by means of debate.

Observing such Dharmas of the Exalted Speech by means of study, reflection, and meditation enables one, in stages, to establish a habitual tendency for the path, understand its meaning, and become completely liberated, whereupon one will attain right discrimination of Dharma.

Moreover, how ought one to seek observation of the sublime Dharma? One should engage in it by means of the four things thoroughly sought after: names, which have the identity of letters, words, and noun phrases; objects, such as the aggregates, constituents, and so forth, which are the subject matter expressed; things designated as the nature of something, like a pot, based on relating name and object; and things designated as qualities, like a pot's round center. All conventions are indeed illuminated based on those, but when one understands the manner in which those four do not exist in actuality then there emerges the four thorough discoveries, such as the non-observation of name, and the others.

When demonstrating through oral instructions how those are put into practice, Exalted Speech, like the *Light of Wisdom's Adornment Sūtra*, is engaged by means of six mental states: the primary mental state in which the mind apprehends the sound generality of its title; analysis of the textual divisions, such as how many expressing chapters, verses, and the like are in the text; exhaustive analysis of the

ཚིག་དེ་དག་གིས་བསྟན་དོན་རྣམས་ལ་རིགས་པ་བཞིན་རྣམ་པར་དཔྱོད་པ་དང་། དེ་ལྟར་
དཔྱད་པའི་འབྲས་བུ་ཐེ་ཚོམ་མེད་པར་ངེས་པའི་ཆུལ་གྱིས་འཛིན་པ་དང་། བརྟོད་བྱ་རྟོད་
བྱེད་དེ་ཀུན་རྫོབ་པའི་མིང་གི་དོན་ཚམ་ལ་འདུས་པར་བསྒོམས་ནས་བསམ་པ་དང་། གསུང་
རབ་ཀྱི་བརྟོད་དོན་དེ་ལྟ་བུ་རང་རྒྱུད་ལ་འཕོབ་པར་སྤྱོན་པ་བྱེད་པ་སྟེ་སེམས་དཔག་གི་སྒོ་
ནས་འཇུག་ཅིང་། དོན་དེ་དག་ལ་དོན་སྤྱིའི་རྣམ་པར་སྣང་བ་ཉོག་པའི་སེམས་ཀྱིས་ཡང་
ཡང་རྒྱུན་ཆགས་སུ་བཙལ་བའམ་དཔྱད་པར་བུ་སྟེ། ཆུལ་དེ་ལྟ་བུས་བསམ་གཏན་དང་
པོའི་ཉེར་བསྒོགས་དང་དངོས་གཞི་ཚམ་པོ་བའི་བར་གྱི་ཤེ་གནས་བསྒྲེད་པར་བུའོ། །དེ་
ནས་གོང་འཕེལ་དུ་གྱུར་ཏེ་དངོས་གཞི་ཁྱུང་པར་ཆན་དུ་སོན་པ་ན་ཧྟོག་པ་མེད་པའི་དཔྱོད་
པས་སོ་སོར་བརྟག་པར་བུའོ། །དེ་ནས་བསམ་གཏན་གཉིས་པའི་དངོས་གཞིའི་སེམས་
ཐོབ་པ་ཡན་ཆད་དུ་ནི་ཧྟོག་དཔྱོད་གཉིས་དང་བྲལ་བ་གཟུང་འཛིན་མེད་པའི་ཡིད་ལ་བྱེད་
པས་དཔྱད་པར་བུ་སྟེ། དེ་ཡང་ཚོམ་ཀྱི་མིང་སྤོམ་པ་ལ་སེམས་འཛིན་ཞི་གནས་དང་།
དེའི་དོན་འབྲེལ་པ་ལྷག་མཐོང་། མིང་དོན་གཉིས་ཀ་བསྒོམས་ནས་འཛིན་པ་ཞི་ལྷག་ཟུང་
དུ་འབྲེལ་བ་སྟེ་ལམ་གསུམ་གྱི་ཆུལ་གྱིས་སོ། །བསམ་གཏན་གྱི་དངོས་གཞིའི་གནས་
པ་ཐོབ་པ་དེ་ལ་བརྟེན་ནས་མངོན་ཤེས་བསྒྲུབས་པས་སངས་རྒྱས་དཔག་མེད་ལ་མཆོད་
ཅིང་ཚོས་རྟན་པ་སོགས་ཀྱིས་ལམ་ཉིན་ཏུ་འཕེལ་བར་བྱེད་དོ། །དེ་ལྟར་ཚོགས་ལམ་དུ་ཞི་
ལྷག་ཁྱུད་པར་ཆན་ཐོབ་པའི་བྱང་སེམས་དེས་ཚོས་ཐམས་ཅད་རང་གི་ཧྟོག་པ་ཚམ་དུ་ཤེས་
ཤིང་གོམས་པ་ལས། གཟུང་བ་དང་འཛིན་པ་མི་དམིགས་པས་རབ་ཏུ་ཕྱི་བ་སྤྱོར་ལམ་
བཞི་ཐོབ་ནས། དེ་ལས་མཐོང་ལམ་ནས་མི་སྤོབ་པའི་བར་དུ་འགྱུར་རོ། །མདོར་བསྡུན་
དངོས་པོའི་མཐའ་རྟེ་ལྟ་རྟེ་སྐྱེད་ཀྱི་དོན་ལ་དམིགས་ནས། མོས་པ་ཡིད་བྱེད་རྣམ་ཧྟོག་དང་
བཅས་པའི་གཟུགས་བརྙན་དང་། དེ་ཁོ་ན་ཉིད་ཡིད་བྱེད་རྣམ་པར་མི་ཧྟོག་པའི་གཟུགས་
བརྙན་ཏེ

contents taught by those phrases via the four principles of reason; apprehending the result of having so analyzed by way of ascertaining it free of doubt; reflecting on only the meaning of the primary title as it is summarized, fusing within it everything expressed and expressing; and aspiring to attain such expressed content of the Exalted Speech in one's own mind stream.

One should analyze those contents with a conceptual mind, continuously and repeatedly seeking their appearance in the form of a meaning generality. By such means, one should generate shamatha, up to the preparatory and mere actual phases of the first meditative concentration. Once one has developed from there, and reached the exalted actual phase, one should discriminate with non-conceptual analysis. Then, once one has attained the mentality of the actual phase of the second meditative concentration, one should henceforth analyze with a mind devoid of apprehended object and apprehending subject, free of concept and analysis.

Moreover, this is done by means of three paths: the mind apprehending the summarized title of a teaching is shamatha; distinguishing its content is special insight; and apprehending it through combining both title and content is bringing shamatha, and vipashyana into coalescence. Based on attaining the state of the actual phase of meditative concentration, one accomplishes the superknowledges, by which one drastically escalates the path through making offerings to buddhas immeasurable in number, listening to the Dharma from them, and so forth.

A bodhisattva who has attained exalted shamatha and vipashyana, on the path of accumulation in such a way understands all phenomena as only his own concepts. Based on becoming habituated with such, he attains the four-fold path of preparation, distinguished by the non-observation of apprehended object and apprehending subject. From there he shifts from the path of seeing to the path of no-more learning.

In summary, based on observing the limit of things, in terms of their nature and scope, there is the conceptual, reflected image, which takes belief to mind, and the non-conceptual, reflected image, which takes reality to mind. One who has engaged in that limit by means of

དེ་དེའི་རྣམ་པ་ཡིད་ལ་སྣང་བའི་བློ་ནས་ཤུགས་པས་དགོས་པ་ཡོངས་སུ་གྲུབ་པ་གནས་
གྱུར་པ་འཐོབ་པར་འགྱུར་རོ། །

the appearance in one's mind of the forms of these reflected images will attain the transformation of the basis, which is the complete accomplishment of the goal.

རིས་པའི་ཚིག་སོ་སོ་ཡང་དག་པར་རིག་པ།

གསུམ་པ་རིས་པའི་ཚིག་སོ་སོ་ཡང་དག་པར་རིག་པ་ནི། སྤ་སྨྲ་གནོད་སྦྱིན་མི་ལ་སོགས་
པ་འགྲོ་བ་སོ་སོའི་སྐད་ཀྱིས་དོན་ལ་བརྡ་སྤྲོད་པའི་ཚུལ་ཇི་ལྟ་བ་བཞིན་དུ་རིག་པ་ཡིན་ལ།
དེའི་བྱེ་བྲག་འཛིན་སྦྱིང་འདི་ལ་མཚོན་ན། འཕགས་བོད་རྒྱ་ནག་ཁམ་སྤྲ་ལ་སོགས་ཀྱི་
སྐད་མི་འདྲ་བའི་དབང་གིས་རྩ་བའི་ཡི་གི་རྣམས་ལ་མང་ཉུང་སོགས་ཀྱི་རྣམ་བཞག་མི་
འདྲ་བ་ཡོད་དེ། འཕགས་ཡུལ་གྱི་སྐད་ལེགས་སྦྱར་དུ། ཨ་སོགས་དབྱངས་བཅུ་དྲུག་
ཀ་ནས་སྨྲའི་བར་གྱི་གསལ་བྱེད་སོ་བཞི་བསྡོམས་པས་ཨ་ལྐ་ལྟ་བཅུ་པོ་དེ་ནི་མིང་ཚིག་
མཐའ་དག་རྫོག་གཞིནམ་ཕྱི་མོའི་ཡི་གིར་འདོད་དོ། བོད་འདིར་ནི་ཀ་ནས་ཨའི་བར་ཀ
ལི་སུམ་ཅུ་ཐམ་པ། དབྱངས་ཨུ་ལི་མཚོན་པ་གི་གུ་སོགས་བཞིན་རྩ་བའི་ཡི་གི་ཡིན་ལ།
ཀུ་ལིའི་ནང་ནས་རྗེས་འཇུག་བཅུ་དེ་ལས་སྦྱོན་འཇུག་ལྨ་དང་། ས་དང་ར་སོགས་ཀྱི་མགོ
ཅན། ཡ་བཏགས་ར་བཏགས་སོགས་ཞབས་འདོགས་རྣམས་དང་དབྱངས་ཀྱི་མཚོན་བྱེད་
བཞི་རྣམས་ཆེ་རིགས་པར་སྤྱར་བ་ལས་མིང་ཚིག་ཐམས་ཅད་འབྱུང་བ་ཡིན་ནོ། དེ་ཡང་
སྦྱིར་ཡིག་འབྲུ་སིལ་བུ་དུ་མ་འདུས་པ་ལས་ཀ་བ་སོགས་དོན་གྱི་རོ་བོ་ཚམ་སྟོན་པའི་མིང་
འབྱུང་ལ། མིང་དུ་མ་འདུས་པ་ལས་ཀ་བ་རིང་པོ་ལྟ་བུ། དོན་གྱི་རོ་བོ་དང་ཁྱད་པར་སྤྱར་
ནས་སྟོན་པའི་ཚིག་འབྱུང་ངོ། ཚིག་དུ་མ་འདུས་པ་ལས་བརྗོད་བྱའི་དོན་རྒྱས་བསྡུས་ཆེ་
རིགས་རྟོགས་པར་སྟོན་པའི་གཞུང་ལེའུ་དང་། རབ་བྱེད་ལ་སོགས་པའི་ཆོན་སྐ་ཚིགས་
ཅན་འགྲུབ་པའོ། །

28

RIGHT DISCRIMINATION OF
DEFINITIVE WORDS

Third, the right discrimination of definitive words is to know properly how to communicate meaning through the languages of individual classes of beings, such as deities, *nāgās*, *yaskas*, humans, and the rest. To illustrate the particular ones on this planet, due to the presence of the different languages of India, Tibet, China, Shambhala, and so forth, there are different presentations of the number and so forth of alphabetic letters. In the language of India, Sanskrit, adding the sixteen vowels like *a* and the others with the thirty-four consonants from *ka* up to *ksa* makes fifty *aksara*. These are claimed to be the building blocks or the basic alphabet of the whole range of names and phrases.

Here in Tibet the basic alphabet is the thirty consonants from *ka* to *a*, and the four of *gigu* and so forth, which indicate the vowels. From among the consonants there are ten suffixes. From among those there are five prefixes, the superscripts of *sa*, *ra* and the rest, and the subscripts like *ya*, *ra*, and so forth. From combining these and the four vowel markers in all manner of ways the whole gamut of names and phrases emerges.

Moreover, generally it is from a combination of multiple fragmentary syllables that names such as "pillar" emerge, demonstrating the mere essence of an object. And it is from a combination of several names that phrases like "tall pillar" emerge, demonstrating the essence of an object combined with a quality. From a combination of several phrases, texts with various measures like sections, chapters, and so forth are formed, fully demonstrating an expressed subject matter of any manner of length.

རྟོག་བྱེད་ཀྱི་དགའ་འདི་དགའ་ལ་ལེགས་སྤྱིར་སྤྱར་ན་རང་བཞིན་དང་རྒྱེན་དང་རྣམ་འགྱུར་

གསུམ་གྱིས་ཁོག་ཕྱུབ་ནས་སྣུའི་མཚན་ཉིད་བྱེད་ལ། དེ་ཡང་རང་བཞིན་ལ་བྱིངས་དང་

མིང་གི་རང་བཞིན་གཉིས། བྱིངས་ཀྱི་མཐར་སྤྱར་བའི་རྒྱེན་ལ་གྱིད་རྒྱེན་དང་ཀུན་འཁད་

གྱི་རྒྱེན་གཉིས། མིང་གི་མཐར་སྤྱར་བའི་རྒྱེན་ལ་རྣམ་དབྱེ་དང་དེ་ཕེན་སོགས་སྣུ་ཚོགས་

ཡོད་ལ། རྒྱེན་དང་རྒྱེན་ཅན་གྱི་ཡི་གི་འཕྱད་པ་ལས། ས་ར་རྣམ་བཅད་དང་། ༥༣་

ན་ཅ་སོགས་སུ་འགྱུར་པ་དང་། ཡི་གི་དྲི་བསྐུན་གྱི་སྐོ་ནས་སྤྱ་མ་ལས་གཟུགས་གཞན་

དུ་བྱས་པའི་རྣམ་འགྱུར་སྤྱ་ཚོགས་བརྟོད་པའི་གཞུང་ལས་གྲགས་པའི། །བོད་སྐད་ལ་

བྱེས་སོགས་དེ་འདུའི་ཐ་སྣད་མེད་མོད་ཀྱི། ཝན་ཀྱང་མིང་གི་རང་བཞིན་ལ་ཕྱུད་ཀྱི་རྒྱེན་

སྤྱར་བ་དང་དེ་ཡང་འདས་མ་འོངས་སོགས་སྟོན་བྱེད་སྟོན་འཐུག་སོགས་ཀྱི་དབང་གིས་སྤྱ་

གཟུགས་འགྱུར་བ་ཚམ་ཡོད་དེ། བཙམ་པ་དང་གཞིས་པ་འཚོམས་པ་ལ་སོགས་པ་ལྟ་

བུའོ། །ཕྱུད་ཅེས་པ་དེ་དགའ་རྒྱུང་པས་དོན་མི་སྟོན་ཀྱང་། མིང་དང་སྤྱར་ན་ཚིག་གི་གསལ་

བྱེད་དུ་འགྱུར་པ་རྣམ་དབྱེ་དང་ཕྲག་བཅས་སྤྱད་སྤྲ་སོགས་ཐམས་ཅན་ལ་གོ་རྡུང་དོ། །རྒྱུ་

གར་གྱི་སྐད་ལ་གཉིག་ཚིག་གཉིས་ཚིག་མང་ཚིག་གིས་དབྱེ་བས་རྣམ་དབྱེ་ཉེར་གཉིག་

བོད་པའི་སྣ་ལ་གསུམ་སྟེ་ཉེར་བཞིར་འཕད་ཀྱང་། བོད་སྐད་ལ་རྣམ་དབྱེ་དང་པོ་དོན་གྱི་དོ་

བོ་ཚམ་བརྟོད་པ་ནི། མིང་ཕན་ཚུན་འཕྱད་པའི་དོན་གྱིས་ཐོབ་པ་ལས་བྱུར་དུ་མེད། ཉིང་

ལ་བསྒྱན་ལྤ་བུ་གཉིས་པ་ལས་སུ་བྱ་བ། ཉིང་གིས་ཕྱག་ལྤ་བུ་གསུམ་པ་བྱེད་པ། ཉིང་

ལ་རྒྱུ་འདྲེན་ལྤ་བུ་བཞི་པ་ཆེད་དོན། ཉིང་ལས་འབས་བུ་ལྤ་བུ་ལྤ་པ་འབྱུང་ཁུངས། ཉིང་

གི་ཡལ་ག་ལྤ་བུ་དྲུག་པ་འབྲེལ་སྒྲ། ཉིང་ལ་བྱ་གནས་ལྤ་བུ་བདུན་པ་རྟེན་གནས་ཀྱི་རྣམ་

དབྱེའོ། །གཞན་ཡང་སྤྱི་སོགས་ལྤག་བཅས་ཀྱི་སྒྲ་དང་། འམ་སོགས་འབྱེད་སྡུད་དང་།

ཀྱང་སོགས་ཚིག་རྒྱན་དང་སྡུད་པ།

As for the expressing speech, according to Sanskrit the character of language is produced based on the internal structure of the triad of nature, morpheme, and transformation. To elaborate, nature is two-fold: the nature of verbal roots and nouns. Morphemes joined to the end of verbal roots are two-fold: krta morphemes and declarative morphemes. Morphemes joined to the end of nouns are various, such as case endings, auxiliaries, and so forth. From connecting the letters of morphemes with the words possessing morphemes, there are various transformations mentioned in grammar texts, in which forms are changed from what they were previously by means of eliminating *sa* and *ra*, *sha* changing into sha, *na* changing into na and so forth, and by means of dividing or contracting letters.

In the Tibetan language there are indeed no such conventions like verbal roots and so forth. However, particle morphemes are joined to the nature of nouns. Moreover, there is only change in the forms of words due to prefixes and so forth that demonstrate past, future, and the rest, like *bcom pa, gzhom pa,* and *'joms pa.* Even though semantic meaning is not demonstrated through only those things called "particles," when joined with nouns, everything that clarifies phrases, such as cases, continuative constructions, contractions, and the like, can be comprehended.

It is explained that in Sanskrit, due to divisions into singular, dual and plural, there are twenty-one case endings, plus three for imperative, making twenty-four. But in the Tibetan language, the first case, which expresses only the essence of an object, is nothing but what is obtained with a meaning in which nouns are connected to one another. The second is the accusative case, like "striking the tree." The third is the instrumental [or agentive case], like "pierced by a tree." The fourth is the dative case, like "conducting water for the tree." The fifth is the ablative case, like "fruit from a tree." Sixth is the genitive case, like "branch of a tree." Seventh is the locative case, like "a bird lives in the tree."

One should understand moreover that there are various phrase-level, non-case usage particles. These are illustrated by continuative terms like *ste* and so forth; disjunctive and conjunctive terms like *'am* and so forth; ornamental and conjunctive terms like *kyang* and so forth;

གོ་སོགས་སྐྱར་བསྐུའི་ཕྱད་རྣམས་དང་། དགར་བ་དང་བརྣེན་པའི་དོན་ཅན་གྱི་ནི། རྒྱ་

མཚན་དང་གནས་སྐབས་གདམས་དག་འབྱེད་སྤྱད་ཀྱི་དོན་ཅན་དང་གི་སྒྲ། སྨྱི་ལ་འཇུག་

པ་གང་དང་སུ། འདི་བའི་དོན་ཅན་གྱི་ཏེ། མཆུངས་པར་སྟོན་པ་རྗེ་ལྟར་དང་བཞིན་

སོགས་ཀྱི་སྒྲ་དུ་མ། བདག་པོའི་སྒྲ་པ། དགག་པའི་དོན་ཅན་མེད་དང་མ་དང་མི་དང་

མིན། རྣམ་གྲངས་གཞན་སྟོན་པ་དེ་སྒྲ་ལ་སོགས་པ་དང་། གཞན་ཡང་སྐུབ་པ་ཡོད་

ཡིན། གཞན་གཏོད་པ་ལོ་ན། ངེས་བཟུང་ཉིད་ལ་སོགས་པས་མཚོན་ཏེ་ཚིག་གི་ཕྱད་སྣ་

ཚོགས་ཡོད་པ་ཤེས་པར་བྱ་ཞིང་། ཕྱད་དེ་དག་རྗེས་འཇུག་བཅུ་པའི་རྗེས་སུ་སོ་སོ་ལ་སྦྱོར་

ཏེ་འཇུག་པ་དང་། ཐམས་ཅད་ལ་འཇུག་པ་རྣམས་བརྗོད་དོན་དང་མཐུན་པར་སྦྱར་གར་རྩའི་

གལུང་དང་། དགོངས་འགྲེལ་ལས་བཤད་པ་ལྟར་ལེགས་པར་སྦྱར་བར་བྱས་པ་དེ་ཏིང་

བྱེད་ཀྱི་ཚིག་ལ་མཁས་པ་ཡིན་ནོ། །དི་ཡང་སྟོན་འཇུག་གི་ནུས་པས་བདག་གཞན་དང་

དུས་གསུམ་སྟོན་ཚུལ་འདི་ནི་རྒྱུ་སྐད་ཀྱི་ཀུན་བཏད་དང་ཕྱོགས་མཐུན་ལ་འདིའི་སྐབས་སུ་

ཡང་འཇུག་གྱུང་མཁོ་བའི་ཡན་ལག་ཏུ་མཐོང་སྟེ། དཔེར་ན་སྤྱར་གསུངས་ཟིན་ཏོ། །ད་

ལྟ་གསུང་བཞིན་པའོ། །མ་འོངས་པ་ན་གསུང་བར་འགྱུར་རོ། །ལྷ་བུའི་ཚིག་གྲོགས་

མང་པོ་སྐྱར་མི་དགོས་པར། གསུངས་སོ། །གསུང་ངོ་། །གསུང་བར་འགྱུར་རོ་ལྷ་བུས་

བདེ་བླག་ཏུ་བརྗོད་པའི་ཕྱིར་ཡིན་ལ། བྱ་བ་དང་སྐྱལ་ཚིག་སོགས་ཀྱི་སྐབས་འདིར་ཡང་

འཇུག་གྱུང་དོན་གྱིས་ཐོབ་ཅིང་། མིང་གི་སྐབས་སུ་གཏན་གཟན་གཟིག་དང་། སྤུན་གྱིས་

གཟིགས་ལྷ་བུ་ལས་མཐབད་ཡོད་མེད་དུ་བྱས་པ་ནི། བརྗོད་བྱ་ལ་སྟོན་ནས་དོན་མི་ནོར་

བའི་དགོས་པའི་ཆེད་དུ་བགོད་པ་དོན་ཡོད་པ་ཡིན་ལ། འདི་འདྲ་བ་རྣམས་ནི་སྐྱང་པོ་ཆེ་

ལ་ལག་ལྱན་དང་། རྟ་ལ་མགྱོགས་འགྲོ་ཞེས་སྟོན་མིང་བཏགས་པ་ལྟ་བུ་ཡིན་ཏེ། ལག་

པ་ཡོད་པ་དང་མགྱོགས་པར་འགྲོ་བ་སྤོག་ཆགས་གཞན་ལ་ཡོད་ན་འདི་དག་ཁོ་ན་ལ་རྗེ་

སྤྱར་བདགས་ཞེས་མི་རྟོང་པར་སྟོན་གྱི་བར་བྱེད་དག་གི་ལྱགས་བཞིན་མཁས་པ་སྲུས་

གྱུང་དེ་ལས་འདས་ཏེ་མི་སྨྲ་བ་ལྟར། སྐྱའི་ང་རོ་ཚུལ་བཞིན་མ་ཐོན་པའི་བརྗོད་པ་རྣམས་

ལ་

further conjunctive particles, like *go* and so forth; the topic particle *ni* which has the purpose of setting something apart or adding something; the term *dang* which has the purpose of disjoining or conjoining reasons, circumstances, or oral instructions; general terms like *gang* and *su*; *ci*, which have an interrogative purpose; the many terms that demonstrate similarity like *ji ltar* and *bzhin*; the term of ownership *pa*; *med*, *ma*, *mi*, and *min*, which have the purpose of negation; the term *la sogs pa* which demonstrates further categories; moreover, there are *yod* and *yin*, which affirm; *kho na*, which eliminates all else; *nyid*, which specifies, and so forth. One who has eloquently joined those particles—the ones applied on an individual basis after the ten suffixes, and the ones applied to everything—in conformity with the subject matter expressed, and in accordance with what has been explained in the *vyākarana*, (grammar) texts and their commentaries, is learned in expressive language.

Moreover, the manner in which the power of prefixes demonstrates intrinsic or extrinsic agency and the three tenses is a factor consistent with the declarative verbs of Sanskrit. However, in this context, the additional suffix *sa* is viewed as an essential ancillary component. This is because, for example, it is unnecessary to apply many auxiliary terms, as in "*sngar gsungs zin to*," "*da ltar gsung bzhin pa'o*," and "*ma 'ongs pa na gsung bar 'gyur ro*." Rather, it is easier to express these with such statements as "*gsungs so*," "*gsung ngo*," and "*gsung bar 'gyur ro*." And the additional suffix also semantically pertains in the context of actions, imperatives, and so forth.

In the context of nouns, being formed with or without a final *sa*, as in *gcan zan gzig* and *spyan gyis gzigs*, has the significance of being written based on the subject matter expressed for the purpose of not mistaking meaning. Such things as these, moreover, are like terms previously designated, such as calling an elephant an arm possessor and a horse a swift mover. There is no controversy over how only these are designated as such when having an arm and going fast pertain to other creatures too. No one learned according to the tradition of past grammarians would speak in such a way as to transgress them.

Similarly, to speakers who do not enunciate the pronunciation of words properly it seems as though there is not a difference between

ར་མགོ་དང་ས་མགོ་སོགས་ཁྱད་མེད་པ་ལྟ་བུར་སྣང་ཡང་། ཡིག་གཟུགས་ཕྲེས་པ་ལ་ནི་
ཁྱད་ཆེ་སྟེ། དག་ཡིག་ཤེས་པ་རྣམས་ཀྱིས་མཁོང་བ་ཚམ་གྱིས་དོན་ལ་ངེས་པ་འཇེན་ནུས་
པ་ཡིན་ལ། དེའི་ཕྱིར་ད་དྲག་གི་འཇུག་པ་རྣམས་ལས་ས་མཐར་འཇུག་པ་རྣམས་དགོས་པ་
ཆེ་བས་ས་མཐའ་མ་བསྒྲས་པ་སོགས་འཇམ་དཔལ་དབྱངས་དངོས་སུ་མིའི་ཉེས་སུ་འབྱངས་
པའི་སྤྲུན་གྱི་བརྡ་སྤྲོད་མཁན་པོ་རྣམས་ཀྱིས་ལེགས་པར་གཏན་ལ་ཕབ་ཉིན་གྱི་ལུགས་བཞིན་
བྱས་ན། ཉེས་པ་གང་ཡང་མ་མཆོང་ལ། བརྗོད་པ་མཛེས་པ་དང་། བརྡ་སྤྲོད་མཁས་པའི་
ལུགས་ཀྱི་མཚན་ཉིད་ཡོད་པ་དང་། དོན་གསལ་བ་སོགས་ཀྱི་སྐོ་ནས་གསུང་རབ་རིན་པོ་
ཆེའི་བཅས་སུ་འགྱུར་བའི་ཡོན་ཏན་ཡོད་པར་མཆོང་ཞིང་། གཞན་དུ་ན་ལས་ལྷོག་པའི་
ཉེས་པར་འགྱུར་བའི་ཕྱིར། སྤྲིན་གྱི་བརྡ་སྤྲོད་མཁན་པོ་མཁས་པ་རྣམས་ཀྱི་ལུགས་བཞིན་
འཇུག་པར་བྱའོ། །རྣམ་དབྱེ་སོགས་སྦྱད་རྣམས་གནས་སྐབས་གང་དུ་དགོས་སུ་མ་སྟོས་
པར་དོན་གྱིས་གོ་བར་བྱས་ནས་ཆིག་ཐོར་ཡང་བར་བྱས་པ་ནི་ཆིག་སྒྲུང་ཚེས་བྱ་སྟེ། དཔེར་ན་
ཡུ་ཧྲུལ་ཡང་ཡིན་ལ་སྤྲིན་པོ་ཡང་ཡིན་པ་ལ་ཁྱད་གཞི་དང་ཁྱད་ཆོས་གཞི་མཐུན་པར་བསྒྲས་
པ་ཡུ་ཧྲུལ་སྤྲིན་པོ་ཞིས་བརྗོད་པ་ལྟ་བུ་ལས་འཇིན་གྱི་བསྒྲ་བ། བགྲང་གཞི་དང་བགྲང་བྱའི་
བར་གྱི་ཆིག་བསྒྲས་པ་ལམ་ལྟ་ལྟ་བུ་བ་གཉིས་པའི་བསྒྲ་བ་ཞིས་མིང་དེ་ཉིད་ཀྱིས་དཔེར་
བརྗོད་ཀྱང་མཚན་པའོ། །ཆིག་ལྟུ་མར་མི་ཟད་པའི་སྟེ་ཚན་དུ་བཤག་པ་གང་རུང་ཡོད་པ་ཚན་
གྱི་བསྒྲ་བ་ལ། མི་ཟད་པའམ་གྲངས་མེད་པའི་བསྒྲ་བ་ཞིས་བརྗོད་དེ། དཔེར་ན་མི་ཟད་པའི་
སྟེར་འབད་པ། ལྷ་བི་སོགས་ནི་བསྒྲར་རྣམས་དང་། སཏ་སོགས་ཀྱི་ཆིག་གྲོགས་ཡོད་པ
དཔེར་ན། སོ་སོར་རྟོག་པ་ལ་སོར་རྟོག གུན་ལ་ཕན་པ་ལ་གུན་ཕན་སོགས་སུ་བརྗོད་པ་ལྟ་
བུའོ། །བརྗོད་བྱ་དེ་ཉིད་ད་ལ་ལྷན་པའི་དངོས་པོ་གཞན་གྱི་སྟོ་ནས་བརྗོད་པ། ལྷ་བ་དང་འཛ
བའི་བྱང་བཞིན་ཚན་ལ་ལྷ་བའི་གདོང་ཚན་དང་། མི་མཆམས་ལ་འཁར་སྟོར་བརྗོད་པ་ལྟ་བུ
འབུ་མང་པོའི་ཆིག་སྒྲུང་ཚེས་དཔེན་དེས་བྱས་པའོ། །རྣམ་དབྱེ་གཉིས་པ་ནས་བདུན་པའི་
བར་གང་རུང་བསྒྲས་པ་དེ་ཡི་སྐྱེ་བྱའི་བསྒྲུ་བ་སྟེ་གཉིས་པ་ནས་བདུན་པའི་བར་བསྒྲས་པའི་
དཔེ་རིམ་པ་ལྟར་གྲོང་འགྲོ་ཁང་འབྱུང་འབྱུང་གཏོར་ཉུ་སྨྲེས་ཀྲུལ་སྲས

the *ra* superscript, the *sa* superscript and so forth. However, in writing there is a tremendous difference, such that those knowledgeable about spelling can induce certainty about meaning through only seeing the letters. Therefore, not contracting the final *sa* because applications of the final *sa* have a greater import than applications of the *da drag*, and so forth, has already been excellently resolved by previous grammarians following Thumi, Mañjushri in person. If done according to such a tradition, no faults whatsoever will be seen. Expression will be regarded as beautiful, as possessing the character of the tradition of those learned in grammar, and by means of its clarification of meaning, as possessing the quality of being the harvest of the precious Exalted Speech. Otherwise it will be faulty in the opposite ways. Consequently, one should apply these according to the tradition of the learned grammarians of the past.

A "compound" refers to a phrase whose weight has been lightened by communicating the meaning of particles like case endings and the rest in any situation where they are not directly expressed. For example, it is like calling something that is both an *utpala* flower and blue, "blue *utpala*" (*ut pal sngon po*)," contracting into a common locus the basis of its qualities and its qualities. This is a *karmadhāraya* compound. A contraction between something counted and the number, like "five paths" (*lam lnga*), is called "a *dvigu* compound," a name which itself also indicates an example. A compound that contains anything categorized in the class of indeclinables as its initial term is called an "avyayIbhAva compound." For example, this is like referring to *so sor rtog pa, kun la phan pa*, and so forth—which have prefixes such as *prati* (*so sor*) and auxiliary terms such as *sarva* (*kun*) pertaining to the class of indeclinables—as *sor rtog* and *kun phan*, respectively. An expression of specific content by means of another object endowed with it—like calling someone with a face that resembles a moon "moon-faced," or like calling the intermediate direction of Agni the "southeast"—is called a "*bahuvrīhi* or many grain compound," which refers also to an example. A compound that contracts any of the cases from the second through the seventh is a "*tatpurusha* compound," like the examples of the second through seventh cases, respectively: goer [to]-town, drinker [with]-feet, tossed [for]-demon, born [from]-lake, son [of]-conqueror,

འབྲས་གནས་སླ་བུའོ། །རྣམ་དབྱེ་སོགས་རིགས་མ་ཐུན་དུ་མ་འཇུག་པ་བསྲུས་ནས་མཐར་
རྣམ་དབྱེ་གཅིག་སྒྱུར་བ། སངས་རྒྱས་དམ་ཚོས་དགེ་འདུན་ལ་ཕྱག་འཚལ་སླ་བུ་ཟླས་
དབྱེའི་བསྡུ་བ་ཞེས་བྱ་སྟེ། དེས་མཚོན་ནས་ཚོག་ཕྱད་མིན་ཡང་བར་གྱི་ཚོག་མི་མངོན་
པར་བསྒྲུས་པ་ལ་དེ་དག་གི་དོན་འཁད་པ་ན་ཚོག་དེ་སླར་སྦྱར་ཏེ་གོ་དགོས་པ་སོགས་ཀྱང་
ཤེས་པར་བྱ་ཞིང་། གཞན་ཡང་མང་ཚོག་དང་ཉུང་ཚོག་སྒྱུར་ཚུལ། བཅུན་མོ་རྣམས།
སྟོང་གཅིག་ཅེས་པ་སླ་བུ་དང་། སྐྱ་གཅན་གྱི་མགོ་མཆེག་གུའི་ལུས། བུམ་པའི་མི་ཧྲག་
པ། མི་ཧྲག་པའི་བུམ་པ། ནས་མ་ཁའི་རང་བཞིན་ནི་ནས་མ་མཁའ་ཉིད་དོ། །ཞེས་པ་ལ་
སོགས་པ་སླ་བུ་དང་། ཁ་གདང་བཞིན་དུ་ཉལ་བ་ལ་ཁ་གདང་ནས་ཉལ་ཞེས་བརྗོད་པ་
སླ་བུ་སོགས་དོན་སོ་སོར་གྱུབ་པ་ལ་མི་ལྟོས་པར་སྒྲེས་བུའི་བརྗོད་འདོད་ཀྱི་དབང་གིས་
བརྡ་སྤྲ་ཚོགས་སུ་སྒྱུར་བ་རྣམས་གནས་སྐབས་སོ་སོར་གོ་ཆུལ་ཡོད་པ་ལ་འགལ་བ་མེད་
དེ། ཤིང་འོན་ཅིག་ཅེས་པའི་སྒྲ་དེས་ཡུལ་དུས་རྣམ་པ་ཐ་དད་པའི་ཤིང་ཐམས་ཅད་ལ་
མི་འཁྱལ་བར་སྐབས་སུ་གང་ཡོད་པའི་ཤིང་ལེན་པ་དང་མཚུངས་པར་བརྗོད་འདོད་ཀྱི་
རྒྱུ་མཚན་ཅན་དུ་ཤེས་པར་བྱའོ། །མིང་འདི་དག་གིས་གཞན་ལ་བརྡ་འཕྲོད་པའི་ཚུལ་
ནི། མིང་དོན་ལ་རོ་བོ་ཉིད་ཀྱི་འབྲེལ་བ་མེད་ཀྱང་། སྒྲས་བུས་བརྡ་ཆད་བྱས་པ་བཞིན་
མིང་དོན་འབྲེལ་བ་ཆན་དུ་བློས་འཛིན་ལ། དེ་ཡང་དོན་དེའི་རྗོད་བྱེད་ཀྱི་མིང་ཡིན་པར་
འཛིན་པ་དང་། མིང་གི་ཡི་གི་རྣམས་ཀྱང་གོ་རིམ་མ་ནོར་པར་ལེགས་པར་སྒྱུར་ཏེ་བརྗོད་
པ་ལས་ལྱང་སྒྲོན་ནུས་ཀྱི་བསྒྲགས་ན་མ་ཡིན་ནོ། །དོན་མཚོན་པའི་མིང་དེ་ཡང་ས་དང་རོ་
ཞེས་པ་སླ་བུ་སོགས་ཕལ་ཆེར་དོན་བཞད་དུ་མེད་ཀྱང་དེ་དང་དེའི་བརྡར་འདོད་རྒྱལ་དུ་
བཏགས་པ་དང་།

and abode [of]-fruit, respectively. A compound in which the application of several instances of the same type of case endings and so forth are contracted and a single case ending is connected to the end, like "I prostrated to Buddha, sublime Dharma and Sangha" (*sangs rgyas dam chos dge 'dun la phyag 'tshal*), is called a "*dvandva* compound."

As indicated by such examples, these phrases do not involve grammatical particles. Rather, the interstitial terms have been contracted to the point of disappearance. One must understand therefore that when explaining their meaning they should be comprehended by connecting the terms accordingly (i.e., *vigraha*) [1].

Furthermore, it is not contradictory for there to be a way of understanding in individual contexts what is joined to the various signs through the force of beings' desire to speak, regardless of the formation of their individual meanings. This is like the manner of connecting pluralizing terms and diminutive terms, as in "women" (*btsun mo rnams*) and "one town" (*grong gcig*); statements like "rahū's head," "the pestle's body," "pot's impermanence," "impermanent pot," and "the nature of space is space itself." This is also like saying "he rested having opened his mouth," for resting while opening the mouth. Thus, one should understand by the phrase "bring wood" that it is motivated by the wish to speak in association with gathering wood, which exists in a certain context, without confusing it for any wood of a different place, time or type.

As for how to communicate to others with these names, there is no intrinsic connection between names and objects. Rather, we conceptually apprehend names and objects to have a connection according to the signs determined by people. To elaborate, we are able to communicate based on having become familiar with a name as being the name which expresses a certain object, and speaking with the letters of the name joined properly, without mistaking the order. Otherwise, we cannot.

Names which reference objects, moreover, have two categories: names that are arbitrarily assigned as the sign for particular things,

---

1   Technically, vigraha means breaking the compound by interpreting the syntactical relations between the terms. David Fiodalis.

སངས་རྒྱས་དང་འཕགས་པ་ལ་སོགས་པ་དོན་བཞད་དུ་འང་ཡོད་པ་ཇེས་གྲུབ་ཀྱི་མིང་གཞིས་ཀྱི་རྣམ་དབྱེ་ཡོད་ལ། ཡང་དང་པོར་གང་གི་མིང་དུ་ཐོགས་པ་མེ་དང་ཉི་མ་མེད་གི་ལྟ་བུ་རང་རང་ལ་དངོས་མིང་དང་། དངོས་པོ་གཞན་ལ་གཞན་པ་དེ་དང་བསྟུན་ཏེ་བཏགས་པ་བཏགས་མིང་དུ་འགྱུར་བས་གཞིས་སུ་དབྱེ་ལ། བཏགས་པ་ལ་འདུ་བ་རྒྱ་མཚན་དུ་བྱས་པ་ལྷོ་རོ་བ་ལ་བུམ་ཟེ་མེ་ཞེས་དང་། སྱང་བར་བྱེད་པ་ལ་སྐྱེས་བུ་ཉི་མ་ཞེས་དང་། རྩལ་ལྱན་ལ་སེང་གི་ཞེས་བཏགས་པ་ལྟ་བུ་དང་། འབྱིལ་བ་རྒྱ་མཚན་དུ་བྱས་པ་ལས་འབྱུས་མིང་རྒྱ་ལ་བཏགས་པ། ཀྱང་ནད་བསྐྱེད་པའི་ལྱེང་ཀ་ལ་ཀྱང་ནད་ཅེས་དང་། རྒྱ་མིང་འབྲས་ལ་བཏགས་པ་ཞེས་པའམ་ཡུལ་ཙན་རྣམ་ཡང་ན་ལོ་ཐོག་ལ་ཐབ་པའི་ཆར་བབ་པ་ལ་བཏོད་འདོད་ཀྱིས་འབྲུ་བབ་ཅེས་བཏོད་པ་ལ་སོགས་པ་ལྟ་བུའོ། །ཡང་ཡ་གྲལ་གྱི་མིང་ཚོགས་པ་ལ་བཏགས་པ། ཏ་སྤྲམ་ནས་ཀྱི་སྱུ་ག་ལྟ་བུ་སྟེ། སྟུ་དང་སྱུ་གུའི་ཚོགས་པ་ལ་རྒྱ་གཞན་ཡང་ཡོད་བཞིན་རྒྱུའི་བྱི་བྲག་གི་ཆ་ནས་བཏགས་པའོ། །ཡ་གྲལ་ལ་ཚོགས་པའི་མིང་གིས་བཏགས་པ་རས་ཡུག་གི་ཕྱོགས་གཅིག་ཚིག་པ་ལ་རས་ཡུག་ཚིག་ཅེས་དང་། ཁང་པའི་ཕྱོགས་གཅིག་མཐོང་བ་ལ་ཁང་པ་མཐོང་ཞེས་བཏོད་པ་ལྟ་བུས་མཚོན་ནས་ཞེས་པར་བྱ་སྟེ། ལྟ་དང་པ་མ་ཉེ་དུ་ལས་དངས་ཏེ་མིང་བཏགས་པ་སོགས་ཀྱང་འབྱིལ་བ་ལས་བཏགས་པར་བཞུའོ། །དཀར་མཚན་མེད་པའི་བྱི་ལ་དུང་ཞེས་བཏོད་པ་ལྟ་བུ་འདྲ་བ་ལས་བཀྲོག་པ་དང་། གཟན་མིག་དམར་ལ་བཀྲ་ཞེས་ཞེས་བཏོད་པ་ལྟ་བུ་འབྲིལ་བ་ལས་བཀྲོག་པ་རྣམས་ནི་བསྡྱིང་ཚིག་ཅེས་ཤིན་ཏུ་བཀྲོག་པའི་མིང་སྱར་བ་འདི་དག་ཀྱང་། དོན་གྱི་འབྲིལ་བ་མེད་མོད། བཏོད་འདོད་ཀྱི་བཀྲོག་ཕྱོགས་ཀྱི་མིང་ཅིག་ཤེས་ལ་འཕུ་བའི་ཆུལ་དུ་བཏགས་པ་ཡིན་པས་འདུ་འབྲིལ་ལས་འཕོས་ཏེ་བཏགས་ཆུལ་ཆམ་ཡིན་ཞིང་། དེར་མ་ཟད་སྐྱོམ་པ་སེལ་བའི་བཏུང་བ་ལ་སྐོམ་ཞེས་བཏགས་པ་ལ་སོགས་པ་ཡང་ཡོད་པ་བཞིན་ནོ། །དི་ལྟར་བཏགས་པའི་མིང་རྣམས་ལ་སྱ་བཤད་འཇུག་གི་སུ་བཞི་ཡོད་དེ། མཚོ་སྐྱེས་ཞེས་པའི་མིང་དེ་སྣམ་སྐྱེས་ཀྱི་མེ་ཏོག་ལ་འཇུག་ཀྱང་བཀད་དུ་མེད།

despite not explaining them much, as in "earth," "stone," and the like; and subsequently formed names that also contain explanations, as in the Buddha, noble one, and the like.

Moreover, the first of these is divided into two types: substantive names that are assigned to each thing like fire, sun, and lion as the names they bear; and coined names that are assigned to things in conformity with something else.

Among coined names, there are those coined due to similarity, like calling one of sharp intellect a "fire Brahmin," one who causes things to appear a "sun being," and one who is powerful a "lion."

There are names of results coined for causes due to their relationship, like calling a well that produces foot illnesses a "foot illness." For the same reason, there are also names of causes coined for results, like "knower," or "object possessor" for cognition; or, alternatively, "grainfall" expressed by those wishing to describe a rainfall that benefits the harvest. There are collective names coined via single members, like "drum sound" and "shoot of barley," which are assigned to the collectives of sound and shoot based on a particular one of their causes, even while there are also other causes. There are single members coined via collective names, like saying "the bolt of cotton is burnt" for a bolt of cotton burnt on one section, and like saying, "I see the house" for seeing one section of a house. One should understand what is illustrated by such, and view coined names determined based on deities, parents, and relatives as likewise designations based on relationship.

The applications of names for extreme opposites, called "terms of flattery"—opposites based on similarity, like calling a dog without a white mark "conch shell;" and opposites based on relationship, like calling Tuesday "auspicious"—are indeed without actual relationship. However, out of the wish to express, opposites are designated to their opposed counterparts in the manner of ridicule. Thus, this is only a manner of designation rooted in similarity and relationship. Moreover, it is also like having the designation of "thirst" for a drink that quenches thirst.

Names so designated have four possibilities in terms of their etymological explanation and extension. The name "lake born," despite extending to a flower that grows on dry earth, lacks explanation. For

མཚོན་ནང་སྐྱེས་པའི་མི་ཏོག་ལ་དཔད་འཇུག་གཉིས་ཀ་ཡོད། མཚོ་ནང་གི་ལུམ་བུ་དང་
ཕྱོག་ཆགས་ལ་དཔད་དུ་ཡོད་ཀྱང་མི་འཇུག་པས་དེའི་མིང་ཞེས་མི་བྱ། སྐྱམ་སའི་རྡོ་
དང་ཕྱོང་དུམ་སོགས་ལ་དཔད་འཇུག་གཉིས་ཀ་མེད་པའི་ཕྱིར་མི་སྒྱུར་ལ། ཁྱི་ནག་པོ་ལ་
དུང་ཞེས་བཏོད་འདོད་ཀྱིས་བཏགས་པ་མིང་དུ་ཕོགས་ནས་འཇུག་ན་ཡང་དཔད་ན་ཕྱིན་ཅེ་
ལོག་ཏུ་འགྱུར་བས་འདི་ལྟ་བུ་ལ། ལོག་པར་སྦྱུབ་པའི་རྗེས་སུ་འཇུག་པའི་སྐྲ་ཞེས་བརྗ
ཕྱོང་པ་རྣམས་འདོད་དོ། དེ་བཞིན་དགའ་ན་ཏུ་ཏུ་ཞེས་སམ། ལེགས་སོ་ལེགས་སོ་
ཞེས་དང་། སྐྱིན་གྱི་ཆུང་གི་ཆུང་ཅེས་སམ། ནའོ་ནའོ་ཞེས་དང་། ཏོ་མཆར་ན་ཨ་ལ་
ལ་ཨ་ལ་ལ་ཞེས་པ་ལྟ་བུ་ཕོགས་གཉིས་བཏོད་པ་དོན་དང་མི་འཁལ་བར་བརྣག་པའི་སྐྲ
རྣམས་ནི་རྗེས་སུ་བྱེད་པའི་སྐྲ་ཞེས་འདོད་ལ། ཁྱལ་ཁྲིལ་དར་རིར། ཅལ་ཙོལ་སོགས
ཕྱོག་གཅིག་ཏུ་ངེས་མི་ནུས་པ་འདྲེས་པའམ་མི་གསལ་བ་ལ་སྐྲོས་སྐྲ་ཚན་འཇུག་པ་
སོགས་བཏོད་ཚུལ་ལ་རྣམ་པ་མང་པོ་ཡོད་དོ། དེ་ལྟར་དོན་གང་ལ་མིང་གང་ཞིག་འཇིག
རྟེན་ན་སྐྱར་གྲགས་པའམ་དོན་དང་མཐུན་པར་གསར་དུ་བཏགས་པ་ལས་མཚོན་བྱེད་ཀྱི་
མིང་དུ་གྱུར་པ་ནི་སྐྲ་ཚོགས་ཡོད་ལ། ཅེ་རིགས་པ་མཚན་བཏོད་ཀྱི་བསྱན་བཅོས་རྣམས
ལས་ཤེས་པར་བྱའོ། མིང་དང་ཚིག་གིས་དོན་བསྱན་པའི་ངག་དེ་ཉིད་ཀྱི་ལུས་སམ་
རང་བཞིན་ནི་ཚིག་བཅད་དང་། ལྷུག་པ་དང་། དེ་གཉིས་སྤྱེལ་མ་གསུམ་གང་རུང་དུ་
གནས་ལ། ཡིད་འཕྲོག་པའི་ཡོན་ཏན་ཁྱད་པར་ཅན་གྱིས་མཛེས་པ་ནི་ཚིག་གི་རྒྱན་ཞེས
བྱ་སྟེ། སྤུ་གུ་ར་ཚའི་ལུགས་བཞིན་ལེགས་པར་སྒྱུར་བ་དང་། ཚོགས་བཅད་རྣམས་སྤེལ
སྤྱོར་དང་ལྷུན་པ་དང་། དགའ་གང་ཡང་རྗོད་བྱེད་ཡི་གི་འཛམ་རྩུབ་སོགས་རན་པ་དང་།
རྣག་ཉོག་མེད་པར་དོན་གསལ་བ་དང་། བཏོད་ཚུལ་ཀྱང་རང་བཞིན་རྣམ། དཔེ་དང་
གཟུགས་ཅན་དང་སྒྱར་བ་དང་ཕུལ་བྱུང་དང་རབ་བཏགས་ལ་སོགས་པའི་སྐྲ་ནས་སྐྱོག་པ་
སོགས་ཉམས་ཀྱི་འགྱུར་བ་ཁྱད་འཕགས་ཡིད་ཡུལ་དུ་སྐྱིད་ནུས་པའི་དགའ་ཡིད་འཕྲོག་པ
ནི་སྐྱུན་དགའ་གི་ཉམས་དང་ལྷན་པ་ཡིན་ལ།

a flower that does grow inside a lake, there is both explanation and extension. Even though the name can be explained as a plant or a creature inside a lake, it does extend to them, and thus should not be said to be their name. Since the name neither explains nor extends to stones and trees on dry earth, it does not gloss them. Thus, even if a black dog bore the name "conch shell," designated out of the desire to speak, and it extended to a black dog, it would be wrong when explained. Grammarians claim such a thing to be called a "word applied after being wrongly formed."

Likewise, words considered as not contravening their meaning when uttered twice, like "*ha ha*" or "*legs so legs so*" when rejoicing; "*kyi hu kyi hu,*" or "*na'o na'o*" when lamenting; and "*a la la a la la*" when amazed, and so forth, are claimed to be "subsequently performed words." There are also re-duplicated onomatopoeias, such as "*khral khrol,*" "*dar dir,*" "*cal col*" and the like, which apply to a mixture of sounds or unclear meanings that cannot be unilaterally ascertained. In these ways and others, manners of expression have multiple forms.

In that way, a name, even though known to the world previously, which is newly coined for some object, in accordance with that object, is a name that can refer to it. These are various and should be learned in all their variety from the treatises on synonymics.

The body or nature of that very speech that denotes meaning through names and phrases is present in any of three forms: verse, prose, and a combination of the two.

That which beautifies with exalted captivating qualities is called "verbal ornamentation." To elaborate, that which contains poetic expression is well formed according to the tradition of *vyākarana*. Its verses are metrical. No matter what the speech, the letters that express it hit the appropriate register of gentility, severity and so forth. Its meaning is clear and without ambiguity. And its style of expression is captivating speech that can produce as mental objects exalted experiential moods, such as passion and so forth, by means of fundamental nature (*rang bzhin, svabhāva*), or analogy (*dpe, upamā*), metaphor (*gzugs can, rūpaka*), multiple entendre (*sbyar ba, ślesa*), hyperbole (*phul byung, atiśaya*), poetic conception (*rab brtag, utprekṣā*), and so forth.

དེ་ལྟ་བུའི་དགག་ཕྱུན་སུམ་ཚོགས་པའི་སློ་ནས་བཤད་བུའི་དོན་དེ་ཉིད་འཆད་ཆེད་ཙོ་མ་
གསུམ་གང་བྱེད་ཀྱང་། དགོས་མེད་སྤྱང་ཞིང་དགོས་པ་སྤྱོང་ངེས་སུ་བརྗོད་པ། རྒྱས་
ཀྱང་རློས་སློན་མེད་ལ་བསྡུས་ཀྱང་མ་ཚང་བ་མེད་པས་རྒྱས་བསྡུས་ཇི་ལྟར་འཚམས་པར་
འཆད་པ་ལ་ཕོགས་པ་མེད་པ། རིགས་པ་རྣམ་དག་གི་སློ་ནས་གཏན་ལ་ཕབ་པས་ཞིན་
ཏུ་རྣམ་པར་ངེས་པ། ཚིག་ཟུར་ཕྱིན་པས་བརྗོད་པ་དག་ཅིང་། བརྗོད་ཚུལ་མཁས་པས་
དོན་བའི་རླག་ཏུ་རྟོགས་པར་བྱེད་པ་སོགས་དག་ཚིག་ཏུ་མ་མེད་པའི་སློ་ནས་གཞུང་དེ་ཉིད་
ཀྱི་དགོས་པ་དང་བསྒྲས་དོན། ཚིག་དོན་དང་མཚམས་སྦྱོར་དོགས་སྤྱོང་ལ་མཁས་ཞིང་།
སྒྲ་གཅིག་ཀྱང་དོན་དུ་མ་ལ་འཇུག་པ་དང་ཚིག་གི་གཏོད་མཚམས་དང་། ཕྱོགས་གཉིས་
སུ་གོ་རུང་བའི་སྒྲའི་ཕན་རྣམས་ལེགས་པར་ཕྱེས་ཏེ་རྗོད་བྱེད་ལ་བརྟེན་ནས་བརྗོད་བུའི་
དོན་ཕོར་འཁྱུལ་མེད་པར་གཏན་ལ་འབེབས་པ་དེ་ངེས་པའི་ཚིག་སོ་སོ་ཡང་དག་པར་རིག་
པ་ཡིན་ནོ། །

Whether engaging in explanation, debate or composition about the precise meaning to be explained, by means of such sublime statements one will relinquish what is irrelevant and express what is relevant with inspiration and conviction. When detailed there will be no problem of redundancy, and when brief there will be nothing lacking. Thus, there will be no obstruction to explaining meaning in ways appropriate to any length. Through resolving it by means of correct reasoning, one imparts complete and total conviction. With crisp pronunciation expression is refined. By means of stainless statements that enable those learned in styles of expression to easily understand meaning, and so forth, one becomes learned in a text's purpose, its summarized content, its words and meanings, its composition, and how to relinquish doubts about it. And then, based on expressions in which the single words that apply to multiple meanings, the divisions of phrases, and the distinctions of words that can be understood in two senses are all well differentiated, one unerringly resolves the meaning of the content expressed. This is the right discrimination of definitive phrases.

PART THREE

RIGHT DISCRIMINATION OF READY SPEECH

~

རིགས་པ་བཞི།

བཞི་པ་སྐྱོབས་པ་སོ་སོ་ཡང་དག་པར་རིག་པ་ནི། གོང་དུ་བསྟན་པ་ཆོས་དོན་ངེས་ཚིག་
གསུམ་ལ་དབང་ཐོབ་པའི་རིམ་པ་དང་མཐུངས་པར་གསུང་རབ་ཀྱི་དོན་འཆད་ཚོད་ཆོས་
པ་ལ་མི་འཇིགས་པའི་སྐྱོབས་པ་ཐོབ་པས་སྐལ་ལྡན་རྗེས་སུ་འཛིན་པ་དང་། ལོག་སྨྲ་
ཚར་གཅོད་པའི་མཐུ་དང་ལྡན་པ་སྟེ། དེ་ཡང་བྱང་ཆུབ་སེམས་དཔའ་རྣམས་ནི་ཆོས་
དང་དོན་རེ་རེ་ལ་ཡང་བསྐལ་པ་རྒྱ་མཚོར་བཤད་ཀྱང་སྐྱོབས་པ་མི་ཟད་པ་ཐོབ་པ་ཡིན་
ནོ། །སྐབས་འདིར་གསུང་རབ་ཀྱི་བསྟན་དོན་ལ་གཞན་དྲིང་མི་འཇོག་པའི་བློ་གྲོས་ཏེ་མ་
མེད་པའི་སྐྱོབས་པ་མཆོག་ཐོབ་པའི་ཐབས་རིགས་པ་ཡང་དག་འཕེན་པ་ལ། གང་ཞིག་
སངས་རྒྱས་རྣམས་ཀྱི་ཆོས་བསྟན་པའི་དོན་ཐམས་ཅད་བསྒྲུས་ན་འཇིག་རྟེན་ཀུན་ཏྲོབ་ཀྱི་
བདེན་པ་དང་། དོན་དམ་པའི་བདེན་པ་གཉིས་སུ་མ་འདུས་པ་མེད་པའི་ཕྱིར། དེ་གཉིས་
ལ་དཔྱོད་པའི་ཆད་མ་རྣམ་པ་གཉིས་ཀྱི་བློ་ནས་ངེས་པའི་ཤེས་པ་ཚུལ་བཞིན་དུ་བསྐྱེད་
པར་བྱ་སྟེ། ཇི་ལྟར་ན་བྱ་བ་བྱེད་པའི་རིགས་པ། ལྟོས་པའི་རིགས་པ། ཆོས་ཉིད་ཀྱི་
རིགས་པ། འཐད་པ་སྒྲུབ་པའི་རིགས་པ་བཞིར་མདོ་ལས་གསུངས་པ་བཞིན་དུ་ཤེས་པར་
བྱ་བ་ནི། འདི་ལྟར་འཁོར་འདས་ཀྱི་ཆོས་ཐམས་ཅད་རྟེན་ཅིང་འབྲེལ་བར་འབྱུང་བའི་ཆོས་
ཀྱིས་སྐྱེ་ཞིང་སྐྱང་བ་ཡིན་ཀྱི། རྒྱུ་རྐྱེན་ལ་མ་ལྟོས་པ་ནི་

29

THE FOUR REASONINGS

In accordance with the stages of having gained mastery over the triad of Dharma, meanings and definitive phrases taught above, by attaining the ready speech of fearlessness in expounding, debating and composing on the meaning of the Exalted Word, one becomes endowed with the power to accept the fortunate and to refute proponents of wrong views. That is to say, bodhisattvas attain the ready speech that is inexhaustible even if they were to explain each and every word and meaning for an ocean of eons.

In this context I shall explain correct reasoning, the means for attaining the supreme ready speech of flawless doctrinal intelligence by which one does not have to depend on others for the content of the Exalted Word.

If one were to summarize all the contents of the Dharma taught by all buddhas there would be nothing which is not included within these two: the mundane relative truth and the ultimate truth. One should therefore correctly develop a definitive understanding that ascertains these two by means of the twofold valid cognitions that scrutinize them.

How should one proceed? One should understand them in accordance with the four principles of reason that have been taught in the sūtras: 1) the principle of efficacy, 2) the principle of dependence, 3) the principle of reality, and 4) the principle of valid proof.

These are as follows. All phenomena of samsāra and nirvāna arise and appear in the manner of dependent origination. Independent of causes and conditions, it is not feasible for them to appear by themselves, like

རྣམ་མཁའི་པདྨོ་བཞིན་དུ་དངོས་པོ་ཉིད་དུ་ཡོད་པར་མི་རུང་ངོ་། །དེའི་ཕྱིར་ནས་བོན་དང་
རྒྱུ་དང་རྡོང་ལ་སོགས་པ་རྒྱུ་ཡི་ཚོགས་པ་ཚང་བས་སྨྱུ་གུ་བསྐྱེད་པའི་བུ་བ་བྱེད་པ་ལྟ་བུ།
མདོར་ན་རྒྱུ་གང་གིས་འབྲས་བུ་གང་སྐྱེད་པའི་བུ་བ་བྱེད་པ་ཐམས་ཅད་ལ་ནི་བུ་བ་བྱེད་པའི་
རིགས་པ་ཞེས་བྱ་ཞིང་། སྨྱུ་གུ་ལ་སོགས་པ་འབྲས་བུར་གྱུར་པ་ཐམས་ཅད་ནི་རང་རང་གི་
རྒྱུ་རྣམས་ལ་ངེས་པར་ལྟོས་པ་ཅན་ཡིན་པ་ནི་ལྟོས་པའི་རིགས་པའོ། །དེ་ལྟར་རྒྱུ་གང་གིས་
འབྲས་བུ་གང་སྐྱེད་པའི་བུ་བ་བྱེད་པར་འགྱུར་བ་དང་འབྲས་བུ་དེ་རྒྱུ་དེ་ལ་ལྟོས་པ་རྣམས་ནི་
ཆོས་ཉིད་རྒྱུ་འབྲས་སུ་རུང་བས་གནས་ཡིན་པ་སྟེ། དགི་བའི་ལས་ཀྱིས་བདེ་འབྲས་དང་།
མི་དགི་བས་སྡུག་བསྔལ་བསྐྱེད་པའམ། འབྲས་ཀྱིས་བོན་ལས་འབྲས་ཀྱི་སྨྱུ་གུ་སྐྱེ་བ་ལ་
སོགས་པ་ལྟ་བུའོ། །དེ་ལས་ལྟོག་པ་སྐྱེད་པར་མི་བྱེད་པ། དགི་བས་སྡུག་བསྔལ་དང་།
མི་དགི་བས་བདེ་བ། ནས་ཀྱིས་བོན་ལས་འབྲས་ཀྱི་སྨྱུ་གུ་སྐྱེ་བ་ལྟ་བུ་གནས་མ་ཡིན
ནོ། །རིགས་པ་དང་པོ་འདི་གཉིས་ཀྱིས་ཚོས་ཐམས་ཅད་ལ་གནས་དང་གནས་མིན་ཞེས་
པའི་སྒོ་ནས་དགག་སྒྲུབ་དང་འཇུག་ལྡོག་བྱེད་པ་ཡིན་པའི་ཕྱིར། བཟོ་ཡི་གནས་སོགས་
རིག་བྱེད་ཐམས་ཅད་དང་། འཇིག་རྟེན་དང་འཇིག་རྟེན་ལས་འདས་པའི་གྲུབ་མཐའ་ཐམས་
ཅད་ཀྱང་ཆུལ་འདི་གཉིས་ཀྱི་སྟོ་ནས་རྣམ་པར་དཔྱོད་པའི་རྩ་བ་ཅན་ནོ། །དེས་ན་གནས་
དང་གནས་མིན་ཞེས་པ་ལ་ལྗེ་ཚམ་མཁས་པ་དེ་ཚ་དུ་རིག་བྱེད་དང་གྲུབ་མཐའི་ཚུལ་རྣམ་
པར་དག་ཅིང་བཟང་བར་འགྱུར་རོ། །ཚོས་ཉིད་ཀྱི་རིགས་པ་ནི། ཐ་སྙད་དུ་ཚོས་རྣམས་
རང་རང་གི་ངོ་བོ་ཉིད་ཀྱིས། ས་སྲ་བ་དང་། རྒྱུ་གཤེར་བ་དང་། རྣམ་མཁའ་མི་སྒྲིབ་པ་
སོགས་སུ་གནས་པ་སྟེ། དེ་ཡང་གྲུམ་པ་ལྟ་བུའི་ཚོས་གཅིག་ལ་ཡང་། མི་རྟག་པ་ཡིན་
པ། བེམ་པོ་ཡིན་པ་སོགས་སྒྲུབ་པའི་རྣམ་བཞག་དུ་མ་དང་། ཞེས་པ་མ་ཡིན་པ། རྟག་པ་
མ་ཡིན་པ་སོགས་སེལ་བའམ་དགག་པའི་ཆ་ནས་བཞག་པའི་རྣམ་བཞག་དུ་མའི་ཚོས་ཡོང་
གྱང་མདོར་བསྡུ་ན་མདོན་སུམ་གྱི་ཡུལ་དུ་གྱུར་པའི་རང་མཚན་རྫས་ཡོད་བྱམ་པ་ལྟ་བུ་ལ།
གཞན་བསལ་བའི་སྒྲོ་ནས་བཏགས་པའི་བྱས་མི་རྟག་སོགས་ཀྱི་ལྟོག་པ་ཐ་དད་པའི་རྣམ་
བཞག་སྣ་ཚོགས་པར་རྟོག་པ་དང་བཅས་པའི་ཡིད་ཀྱིས་སྒྱུར་བར་བྱེད་པ་ཡིན་པས།

a flower doesn't appear in the sky. Therefore in brief, just as a complete collection of causes such as a seed, water, warmth and the rest has the ability to produce a sprout, all functions performed in which a certain cause produces a certain effect are called the "principle of efficacy." The fact that everything that is an effect, such as a sprout and so forth, is definitely dependent upon its own causes is called the "principle of dependence."

In that way, everything that has the ability to produce a certain cause creating a certain effect and everything that is an effect dependent upon its causes are feasible as mutual causes and effects, and therefore facts. It is like how virtuous actions produce pleasurable effects and non-virtuous actions produce suffering, or how a rice sprout grows from a rice seed. It is not a fact that they produce the opposite, such as suffering due to virtue and pleasure due to non-virtue, or a rice sprout growing from a barley seed.

These first two principles of reason enable rejection and acceptance, and engagement and withdrawal with respect to all phenomena, by means of understanding what is and what is not factual about them. Therefore, all the sciences such as technology and the others, as well as all the mundane and supramundane schools of philosophy have a thoroughly analytic grounding in these two modalities. Consequently, science and philosophical schools become more refined and sublime in direct proportion to one's mastery in understanding what is and what is not factual.

The principle of reality is as follows: conventionally all phenomena subsist according to their own respective natures, as earth is solid, water is wet, space is non-obstructive and the like. That is to say, even a single phenomenon like a pot has the character of multiple categories—those established, like being impermanent, being material, and so forth; and those posited in terms of elimination or negation, such as not being consciousness, not being permanent, and so forth. However, in brief, a specifically characterized phenomenon, which is an object of direct perception, like a substantially existent pot, is joined to the conceptual mind through various categories of different conceptual properties, like its production, impermanence, and the like, which are imputed to the pot by means of other-exclusion. Thus, phenomena fall

རྫས་བཏགས་ཀྱི་ཚུལ་གཉིས་སུ་འདུ་ཞིང་དེ་ལས། རང་མཚན་དང་སྤྱི་མཚན། སྤྱི་དང་བྱེ་བྲག །འགལ་འབྲེལ་དང་མཚན་མཚོན་ལ་སོགས་པའི་ཐ་སྙད་དོན་མཐུན་གྱི་རྣམ་བཞག་སྣ་ཚོགས་བྱུང་པ་ལ་བརྟེན་ནས་དོན་མཐའ་དག་ལ་མི་སྐྱེངས་པར་འབྱུང་རོ། །དེ་ལྟར་རྒྱུ་འབྲས་རོ་བོ་ཉིད་གསུམ་དུ་བཞག་པ་དེ་ནི་ཐ་སྙད་དཔྱོད་པའི་སྐབས་ཀྱི་རིགས་པ་གསུམ་ཡིན་ལ། དོན་དམ་པར་ནི་རྡོ་རྗེ་གཟེགས་མའི་གཏན་ཚིགས་ཀྱིས་དཔྱད་ན་རྒྱུ་གང་གིས་འབྲས་བུ་གང་སྐྱེད་པ་མི་དམིགས་ལ། ཡོད་མེད་སྐྱེ་འགོག་གིས་དཔྱད་ན་འབྲས་བུ་རྣམས་རྒྱུ་ལ་ལྟོས་ཏེ་སྐྱེ་བ་ཡང་མེད་ཅིང་། གཅིག་དུ་བྲལ་སོགས་ཀྱི་རིགས་པས་དཔྱད་ན། སྲ་བ་ལ་སོགས་པའི་རོ་བོ་ཉིད་གང་ཡང་མི་འཐོབ་པས། རྒྱུ་མཚན་མ་མེད་པ། འབྲས་བུ་སྨིན་པ་མེད་པ། རོ་བོ་སྟོང་པ་ཉིད་དེ་རྣམ་ཐར་སྒོ་གསུམ་གྱི་རང་བཞིན་དུ་གནས་པ་དེ་དོན་དམ་པའི་ཚོས་ཉིད་དོ། །བུ་བྱེད་བློས་པ་གཉིས་ཀྱང་ཐ་སྙད་ཀྱི་དངོས་པོའི་ཚོས་ཉིད་དུ་འདུ་སྟེ་མི་ཚབ་དང་མིས་སྒྲིག་པར་བྱེད་པ་དང་། མི་བྱེད་ཞིང་ལ་བློས་པ་ཚོས་ཉིད་ཡིན་པ་ལྟ་བུའོ། །དེའི་ཕྱིར་རིགས་པའི་མཐའ་ཐམས་ཅད་ཚོས་ཉིད་ཀྱི་རིགས་པ་ལ་ཐུག་ནས་རྒྱུ་མཚན་གཞན་ཚོལ་དུ་མེད་དེ། དངོས་པོའི་ཚོས་ཉིད་མེའི་ཚ་བ་ལྟ་བུ་ལ་སུས་ཀྱང་གཞན་དུ་བསྒྱུར་མི་ནུས་པ་བཞིན་ནོ། །དེ་ལྟར་རིགས་པ་སྤྲ་མ་གསུམ་གྱི་དོན་བསྡུས་ན་ཐ་སྙད་དུ་ཚོས་རྣམས་ཀྱི་རྒྱུ་འབྲས་རོ་བོ་ཉིད་གསུམ་ཇེ་ལྟ་བུར་གནས་པའི་དོན་ནི་ཐ་སྙད་ཀྱི་གནས་ཚུལ་ལམ་ཚོས་ཉིད་དང་། རྒྱུ་འབྲས་རོ་བོ་ཉིད་གསུམ་རང་བཞིན་མེད་པ་དེ་དོན་དམ་པའི་གནས་ལུགས་སམ་ཚོས་ཉིད་དེ། མདོར་ན་བདེན་པ་གཉིས་ཀྱི་དོན་ནི་གཏན་ལ་དབབ་པར་བྱ་བ་ཡིན་པའི་ཆ་ནས་རིགས་པ་སྤྲ་མ་གསུམ་གསུངས་ཏེ། ཚོས་རྣམས་ཀྱི་རང་བཞིན་དེ་ལྟ་བུར་གནས་པ་དེ་ཉེས་ཞིང་རིགས་པ་ཉིད་ཀྱི་ཕྱིར་རིགས་པ་ཞེས་བརྗོད་པའམ་དེ་དང་མཐུན་པར་གཞལ་བ་ལ་རིགས་པ་ཞེས་བརྗོད་པའང་ཡིན་ནོ། །

into the two modalities of substantiality and imputability. From these are fashioned the various categories of conventions in conformity with objects, such as specifically characterized phenomena and generally characterized phenomena, universal and particular, contradiction and relationship, definition and definiendum and so forth. Based on these one becomes non-deluded with regard to all objects.

What is thus posited in terms of the triad of cause, effect and nature are the three principles belonging to the context of analyzing the conventional. Ultimately when analyzed by means of the reasoning of the vajra-splinter, one does not observe any cause producing any effect. When analyzed by means of the refutation of arising from an existent or nonexistent thing, there is also no arising of effects based on causes. When analyzed by means of the reasoning of the absence of singularity and plurality, there is no nature of solidity and so forth established whatsoever. Therefore, that phenomena abide as the nature of the three gates of emancipation—cause devoid of phenomenal characteristics, effect un-wished-for, and essence, emptiness—is the ultimate reality.

The principle of efficacy and the principle of dependence are also included within the conventional reality of things, in the sense that it is a reality that fire is hot, that fire is efficacious in burning and that fire is dependent upon kindling.

For this reason, all the parameters of reasoning come down to the principle of reality, after which there are no further reasons to seek. It is like how the heat of fire, which is the reality of things, cannot be denied by anyone at all.

When subsuming the meaning of the three previous principles in such a way, the meaning of exactly how the cause, effect and nature of all phenomena conventionally subsist is their conventional condition or reality. And that the triad of cause, effect and nature are devoid of self-nature is their ultimate condition or reality.

In brief, the three former principles have been taught in terms of bringing about a definitive resolution to the meaning of the two truths.

These are called principles because it is quite suitable and reasonable that the nature of all phenomena would subsist in such a way; or these are called "reasoning" for their evaluation in conformity with such.

དེ་ལྟར་གཞལ་བྱ་བདེན་པ་གཉིས་ཀྱི་དོན་རྗེ་བཞིན་མ་ནོར་བར་རྟེས་སུ་གཞལ་བ་ནི་དངོས་
པོའི་སྟོབས་ཀྱིས་གྲུབ་པ་ཡིན་པས་དེ་ལ་འཐད་པ་སྒྲུབ་པའི་རིགས་པ་ཞེས་བྱ་སྟེ། སྒྲུབ་
བྱེད་གང་ཞིག་ཡང་དག་པའི་འཐད་པ་དང་བཅས་པ་ཡིན་པའི་ཕྱིར་རོ། །འཐད་པ་དེ་
གང་གི་སྒོ་ནས་སྒྲུབ་ཅེ་ན། རྗེ་ལྟར་སྣང་བ་ཐ་སྙད་ཀྱི་དོན་དང་། རྗེ་ལྟར་གནས་པ་དོན་
དམ་པའི་དོན་གཉིས་པོ་དེ་མངོན་དུ་གྱུར་པ་ལ་མངོན་སུམ་ཚད་མ་དང་། སྐྱོག་ཏུ་གྱུར་
པ་ལ་དེ་དཔོག་ནུས་ཀྱི་རྟགས་མངོན་པར་སྒྲུབ་བ་ལས་མི་སྒྲུ་བ་གཞན་རྗེས་སུ་དཔག་པའི་
ཚད་མ་གཉིས་ཀྱི་སྒོ་ནས་སོ། །དེ་ཡང་ཀུན་རྫོབ་པའི་དོ་བོ་མངོན་སུམ་དུ་གྱུར་པ་ནི་མིག་
ཤེས་མ་འཁྲུལ་བས་ཉུ་ཕྱལ་སྟོན་པོ་མངོན་སུམ་མཐོང་བ་ལྟ་བུའོ། །དོན་དམ་པའི་དོ་བོ་
མངོན་སུམ་དུ་དམིགས་པ་ནི་འཕགས་པ་རྣམས་ཀྱི་མཉམ་བཞག་ཡེ་ཤེས་ལྟ་བུའོ། །ཐ་
སྙད་པའི་དོན་རྗེས་སུ་དཔག་པ་ནི་དུ་བ་ལས་མེད་དང་བུས་པ་ལས་མི་རྟག་པར་དཔོག་
པ་ལྟ་བུའོ། །དོན་དམ་པ་རྗེས་སུ་དཔོག་པ་ནི། གཅིག་དུ་བྲལ་ལ་སོགས་པའི་གཏན་
ཚིགས་ཀྱིས་སྟོང་པ་ཉིད་རྗེས་སུ་དཔག་པ་ལྟ་བུའོ། །མངོན་སུམ་ཚད་མ་དེ་ལ་དུ་ཡོད་
ཅེ་ན་བཞི་སྟེ། བདག་རྐྱེན་དབང་པོ་གཟུགས་ཅན་པ་ལ་བརྟེན་ནས་སྐྱེས་པའི་དོག་བྲལ་
མ་འཁྲུལ་པའི་ཤེས་པ་ནི་དབང་པོའི་མངོན་སུམ་ཚད་མ་སྟེ། མ་འཁྲུལ་བའི་མིག་ཤེས་
ལ་སོགས་པ་ལྟའོ། །དབང་པོ་འཁྲུལ་རྒྱས་བསྒྱུད་པའི་ཟླ་གཉིག་ཟླ་གཉིས་སུ་སྣང་བ་
སོགས་ནི་མངོན་སུམ་ལྟར་སྣང་བ་སྟེ་ཚད་མ་མ་ཡིན་ནོ། །བདག་རྐྱེན་ཡིད་དབང་ལ་
བརྟེན་ནས་སྐྱེས་པའི་དོག་བྲལ་མ་འཁྲུལ་པའི་ཤེས་པ་ནི་ཡིད་ཀྱི་མངོན་སུམ་ཚད་མ་ཉིད་
དོ། །དབང་པོ་འཁྲུལ་བའི་རྗེས་སུ་ཕྱོགས་པའི་ཡིད་དོག་མེད་དང་རྨི་ལམ་གྱི་སྣང་བ་ལྟ་
བུ་ནི་ཚད་མ་མ་ཡིན་ནོ། །བདག་རྐྱེན་ཞི་ལྷག་གི་རྣལ་འབྱོར་ལ་བརྟེན་ནས་སྐྱེས་པའི་དོག་
བྲལ་མ་འཁྲུལ་བའི་ཤེས་པ་ནི་རྣལ་འབྱོར་མངོན་སུམ་ཚད་མའོ། །མི་སློབ་པ་གོམས་
པའི་གོང་རུས་ཀྱི་གསལ་སྣང་ལྟ་བུ་ནི་མ་འཁྲུལ་པ་མ་ཡིན་པས་ཚད་མར་མི་བཞེད་དོ། །

In this way, "the principle of valid proof" is so called because assessing properly and unerringly the meaning of the two truths (i.e. that which is to be assessed) is established by the power of fact. This is because of being proof, which is endowed with proper validity.

By means of what is such validity proven? It is by means of two types of valid cognition: the valid cognition that directly perceives as manifest phenomena both conventional objects, how things appear, and ultimate objects, how things are; and the valid cognition that infers another incontrovertible thing from the manifest appearance of evidence that enables one to assess an obscure phenomenon.

That is to say, the direct perception of a conventional nature, is for instance directly seeing a blue *utpala* flower with an unmistaken visual cognition.

Direct observance of an ultimate nature is like the wisdom of composure of the noble ones.

Inference of a conventional object is like inferring fire from smoke or impermanence from being produced.

Inference of the ultimate is like inferring emptiness by means of syllogisms such as the absence of singularity and plurality, and so forth.

How many kinds of valid direct perception are there? There are four kinds:

1) Valid sense direct perception is a non-conceptual, unmistaken cognition that has arisen based on the ruling condition of a sense faculty with physical form. Unmistaken visual cognition and so forth make it five-fold. The appearance of one moon as two, effectuated by the cause of an erroneous sense faculty, is a spurious direct perception, and not a valid cognition.

2) Valid mental direct perception is a non-conceptual, unmistaken cognition that has arisen based on the ruling condition of the mental faculty. Things like a non-conceptual mind following an erroneous sense faculty, or a dream perception are not valid cognitions.

3) Valid yogic direct perception is a non-conceptual, unmistaken cognition that has arisen based on the ruling condition of the yoga practice of shamatha and vipashyana. Things like the vivid appearance of skeletons from having become habituated to repulsiveness are not unmistaken and therefore not maintained to be valid cognition.

རྒྱལ་འབྱོར་མཆོག་སུམ་དེས་ཀུན་རྫོབ་ཀྱི་དངོས་པོ་བསྒྲུབ་པ་དང་ཚོང་པ་སོགས་ཀྱི་དོན་
ཞེས་པ་ལྷ་བུ་སྨྲང་བཙས་དང༌། བདག་མེད་མཐོང་བ་ལྷ་བུ་སྨྲང་མེད་རྒྱལ་འབྱོར་མཆོན་
སུམ་ཞེས་བཞི་དོ། །སེམས་སེམས་བྱུང་ཐམས་ཅད་རང་ཉིད་གསལ་བའི་ངོ་བོས་རྟོག་
བྲལ་མ་འཁྲུལ་པར་རང་རིག་པ་ནི། རང་རིག་མཆོན་སུམ་སྟེ། འཁྲུལ་པའམ་མ་འཁྲུལ་
པའི་ཤེས་པ་གང་སྐྱེས་ཀྱང་དེས་རང་ཉིད་རང་གསལ་དུ་མྱོང་བ་ཙམ་ལ་མ་འཁྲུལ་ཞིང་
རྟོག་པ་དང་བྲལ་བའང་ཡིན་ནོ། །མཆོན་སུམ་བཞི་པོ་འདི་དག་གི་ཡུལ་ནི་ཡུལ་དུས་
རྣམ་པ་མ་འདྲེས་པ་རང་མཚན་ཉིད་སྨྲང་བའི་ཕྱིར། སྐྱ་དོན་འདྲེས་འཛིན་གྱི་རྟོག་པ་མེད་
པ་ཡིན་ནོ། །སྐྱིར་འཛིག་རྟེན་པའི་མཆོན་སུམ་ཞེས་པ་འདི་དག་མེད་ན། ཧྭགས་རྣམས་
ཀྱང་ཞེས་པ་མ་འཁྲུལ་པས་དམིགས་པའི་རྩ་བ་ཅན་ཡིན་པས། དེ་རྣམས་ཀྱང་མེད་པར་
འགྱུར་ལ། རྒྱལས་སྐྱེ་བ་དང་དེ་འགགག་པ་སོགས་སྣང་ཚོན་ཀྱི་རྣམ་བཞག་འདི་རྣམས་
མེད་པར་འགྱུར་བའི་ཕྱིར་སྨྲང་བ་དེ་རྣམས་ཀྱི་རང་བཞིན་སྟོང་པ་ཉིད་ཀྱང་ཞེས་པར་མི་
འགྱུར་བས། ཐ་སྨྱད་ལ་ནི་མ་བརྟེན་པར། །དམ་པའི་དོན་ནི་རྟོགས་མི་འགྱུར། །ཞེས་
གསུང་བ་ཡིན་ནོ། །བྱེ་བྲག་ཏུ་དབང་པོའི་མཆོན་སུམ་མེད་ན་གཟུགས་སོགས་ཀྱི་དོན་
མི་མཐོང་ཞིང༌། ཡིད་མཆོན་མེད་ན་ཕྱི་རང་གི་ཡུལ་ཐམས་ཅད་ཐུན་མོང་དུ་ཞེས་པའི་
རྣམ་རིག་མེད་པར་འགྱུར་བ་དང༌། རྒྱལ་འབྱོར་མཆོན་སུམ་མེད་ན་ཐལ་བའི་ཡུལ་ལས་
འདས་པའི་དོན་རྟོགས་པའི་ཤེས་པ་མི་སྲིད་པས་དེ་གསུམ་དུ་རྣམ་བཞག་མཛད་ལ། དེ་
ཐམས་ཅད་ཞེས་པས་རང་རང་གི་ཡུལ་མཆོན་སུམ་མྱོང་བ་ཡིན་ཞིང༌། མྱོང་བ་ཐམས་
ཅད་ཀྱི་མཐའ་རང་རིག་པ་ལ་ཐུག་པ་སྟེ། མཆོན་སུམ་མྱོང་བའི་དོན་ལ་སྒྲུབ་བྱེད་གཞན་
མི་དགོས་པ་ནི། རང་བློ་མ་འཁྲུལ་བ་ཉིད་རང་གསལ་དུ་ཉམས་སུ་མྱོང་བ་ལས་བྱེ་ཚོམ་
ཚོད་པ་ཡིན་པས་

"Yogic direct perception" is maintained to be with appearance, like the yogic direct perception that is aware of conventional things that are covered or obscured objects; and without appearance, like the yogic direct perception that perceives selflessness.

4) Direct self-cognizing perception is all primary and subsidiary mental states, by their own cognizant nature, being non-conceptually and unerringly cognizant of themselves. It is such that any cognition taking place, be it mistaken or unmistaken, is unmistaken and non-conceptual in terms of it simply experiencing itself in its own cognizant presence.

Since the objects of these four types of direct perception appear as specifically characterized phenomena distinct in terms of space, time, and attribute, they are free from concepts that apprehend sound and object combined.

In general, if there were no such thing as these "mundane direct perceptions," then because evidence too has its basis in being observed with an unmistaken cognition it would also be nonexistent. Then, because all the categories of the full gamut of appearance, like the origination of something from a cause, its cessation and so forth would be nonexistent, one would not understand their nature as emptiness either. For it is said:

Without relying on names,
The ultimate meaning will not be realized.

In particular, if there was no sense direct perception, one would not perceive objects like visible forms and the rest. If there were no mental direct perception, there would be no awareness that collectively cognizes all external and internal objects. If there were no direct yogic perception, a cognition that realizes things beyond the scope of ordinary beings would be impossible. These three are therefore presented as such. All of them are cognitions directly experiencing their respective objects.

The basis of all experience is rooted in self-cognition. An object experienced directly does not require further proof. Based on an unmistaken mental cognition experiencing its own presence, doubt is

རང་རིག་འདི་ནི་ཚད་མ་ཐམས་ཅད་ཀྱི་མཐའ་གཏུགས་ས་ཡིན་ནོ། །དེ་ཡང་རྟེས་སུ་
དཔག་པ་ནི་མཐར་མཐོན་སུམ་པའི་རྒྱུ་བ་ཅན་ཡིན་ལ། མཐོན་སུམ་གྱི་མཐའ་རང་རིག་
གིས་ཆེས་ཏེ་མ་འཁྲུལ་པའི་བློ་ཡི་རྣམས་མྱོང་ལ་ཕྱག་ནས་སྒྲུབ་བྱེད་གཞན་བཅལ་མི་
དགོས་པ་བདེ་སོགས་རྣམས་སུ་མྱོང་བ་བཞིན་ནོ། །གཉིས་པ་རྟེས་དཔག་ལ་བློ་གང་
གིས་རྟེས་སུ་དཔོག་པར་བྱེད་པ་ནི་རྟོག་པ་དང་བཅས་པའི་ཡིད་ཡིན་གྱི་གཞན་མ་ཡིན་
ནོ། །རྟོག་པ་ཞེས་པ་རྗེ་ལྟ་བུ་ཞིན་ཡུལ་གང་དང་གང་ཡིན་པའི་དོན་དེའི་རྣམ་པ་སྐྱེ་ཚམ་
ཡིད་བློར་སྣང་བ་ལ་དེ་དང་དེའི་མིང་དང་བསྲེས་ཏེ་འཇིན་པ་དཔེར་ན་ཀ་བ་དང་བུམ་པ་
ཞེས་སུ་རྣམ་པར་རྟོག་པའམ་ཡིན་ཀྱིས་བཏོད་པ་ནི་ཡིན་རྟོག་བཅས་ཞེས་བྱའོ། །བདྲ་བྱེད་
མི་ཞེས་པའི་སྐྱེ་བོ་བྱེས་པ་རྒྱུང་དུ་རྣམས་དང་། ཏ་སོགས་དུད་འགྲོ་རྣམས་ཀྱིས་ཀྱང་བློ་ལ་
ཟས་སྐོམ་སོགས་ཀྱི་དོན་སྤྱི་ཚམ་སྣང་བ་དེ་མིང་དང་འདྲེས་པ་མེད་ཀྱང་། འདྲེས་སུ་རུང་
བའི་དོན་སྤྱིའི་རྟོག་པ་དེའི་སྣོ་ནས་དོན་ལ་འཇུག་ཕྱོག་བྱེད་པ་ཡིན་ཏེ། དཔེར་ན་རྒྱུ་དངོས་
སུ་མ་མཐོང་ཡང་། རྒྱུ་འབག་འབག་འབབ་པའི་སྒྲ་ཐོས་པ་ན། སྐོམ་པས་གཏུང་བའི་དུད་
འགྲོ་རྣམས་ཀྱང་རྒྱུའི་རྣམ་པ་བློ་ལ་འབར་ནས་དེ་འདོད་པའི་རྣམ་འགྱུར་གྱི་སྐྱ་སྟོག་པ་དང་།
རྒྱུང་རིང་པོའི་རྒྱུ་ཡི་རྗེས་སུ་སྨྱིག་ཞེས་པ་ལྟ་བུས་དེ་ཡི་ཚུལ་ཞེས་པར་བྱེད་དོ། །ཡིན་རྟོག་
བཅས་འདྲེས་ཡུལ་དུས་རྣམ་པ་འདྲེས་པའི་ཚུལ་གྱིས་དོན་རྣམས་ཀྱི་སྤྱི་ཚམ་བཟུང་ཞིང་།
དེ་ཉིད་ལ་དགག་སྒྲུབ་ཀྱི་ཐ་སྙད་སྣ་ཚོགས་བྱེད་པའི་སྐོ་ནས་ཐ་སྙད་ཐམས་ཅད་གྲུབ་པ་
ཡིན་གྱི་གཞན་དུ་ན། རྟེས་སུ་དཔག་པ་དང་བསྒྲུབ་པའི་གནས་གང་ཡང་བསྒྲུན་པར་མི་
ནུས་ཏེ། མཐོན་སུམ་ལ་ནི་རང་དུས་ཀྱི་རང་ཡུལ་དེའི་ཆ་ཤས་རྣམས་དང་སྐད་ཅིག་མའི་
རང་མཚན་སོ་ལ་བུ་ཡང་ཚུན་མ་འདྲེས་པར་གནས་པ་ཚམ་སྣང་བ་དེ་ནི་མིང་དང་འདྲེས་སུ་
མི་རུང་བས་དེ་ཁོན་ལ་ཐ་སྙད་ཀྱི་དོན་སྦྱར་བ་མེད་དོ། །རྟོག་པ་འདྲེས་ནི་ད་ལྟ་མཐོང་བའི་
ཡུལ་ལ་མིང་དང་རིགས་སོགས་སྦྱར་ནས་འཇིན་པ་ཀུན་རྟོབ་ཀྱི་རྟོག་པའམ

resolved. Thus, the self-cognizing awareness is the final basis of all valid cognition.

Moreover, inference is ultimately based on direct perception. And the basis of direct perception is ascertained though self-cognizance, in that it is rooted in an experience of an unmistaken mind, after which there is no need to seek additional proof, like the experience of pleasure and so forth.

Second is inference. What kind of cognition performs the act of inferring? It is the conceptual mind, and nothing else. What is meant by "conceptual" here? It means that which apprehends only the universal form of any given object that appears to the mind, while combining it with its name. For example, that which conceptualizes or mentally expresses "pot" and "pillar" is called "conceptual mind."

Human beings like small infants and animals like horses that do not know how to apply names also have the mere universal image of food, drink and so forth appear to their minds. Although these images are not combined with names, such beings engage in and withdraw from objects by means of the concepts of universal images that are suitable to be combined with names. Such can be illustrated through an example. Even without actually seeing water, an animal tormented by thirst will, upon hearing the splashing sound of running water, have the image of water appear to its mind, make noise with an expression of wanting it, and know to pursue the water for a long distance.

The conceptual mind apprehends the mere universal image of objects by way of combining their location, time and form. And by means of formulating the various conventions of rejecting or accepting in relation to them, all names are established. Otherwise, no inferences or topics of learning could be taught at all. For what appears to direct perception is only the fragmentary, specifically characterized phenomena of the spatial segments and moments connected to something's specific location in its specific time, subsisting distinctly from one another. Since such is not suitable to be combined with names, there is no application of the meaning of names to this alone.

Such conceptualization does not simply produce the understanding of objects seen in the present, applying to them names, types, and so forth, which is simply called "relative conceptualization" or

བརྡ་སྟེན་ཅན་གྱི་རྟོག་པ་ཞེས་བརྗོད་པ་དེ་ཚིག་ཁོ་ན་བྱེད་པར་མ་ཟད་ཀྱི། འདས་པ་ལ་དྲན་
པའི་ཆུལ་གྱིས་རྟོག་པ་དང་། མ་འོངས་པ་ལ་མངོན་པར་འདོད་པའི་ཆུལ་གྱིས་རྟོག་པ་
དང་། རྗེས་སུ་དཔོག་པའི་རྟེན་རྟགས་འཛིན་པའི་རྟོག་པ་དང་། རྟགས་དེ་ལས་རྟགས་
ཅན་རྗེས་སུ་དཔག་བྱ་ལ་རྟོག་པ་རྣམས་ཀྱི་སྒྲོ་ནས་མངོན་དུ་མ་གྱུར་པ་སྒྲོག་གྱུར་གྱི་དོན་
རྣམས་གྱང་གཞལ་བར་བྱེད་པ་ཡིན་པས། རྟོག་པ་དང་བཅས་པའི་རྗེས་སུ་དཔག་པ་
མེད་ན། བཅོས་མ་ཐག་པའི་བུ་ཀྲུང་མེ་སོགས་ལ་འཇིགས་མི་ཞེས་པ་ལྟར། སྣང་དོར་
འཇུག་སྐྱོག་གང་ཡང་མི་བྱེད་པར་འགྱུར་རོ། །རྟོག་བཅས་ཀྱི་ཡིན་འདི་ལ་ཡང་ཐག་པ་ལ་
ཐག་པར་རྟོག་པ་དང་། སྐྲིག་རྒྱ་ལ་སྐྲིག་རྒྱུར་རྟོག་པ་ལྟར་མ་འཁྲུལ་བ་ཞིག་དང་། ཐག
པ་ལ་སྦྲུལ་དང་། སྐྲིག་རྒྱ་ལ་ཆུར་རྟོག་པ་ལྟར་འཁྲུལ་པ་གཉིས་སུ་ཡོད་པ་ལས། མ་
འཁྲུལ་པའི་རྟོག་པ་ལ་བརྟེན་ནས་དུས་གསུམ་ཞེས་བྱའི་ཐ་སྙད་ཐམས་ཅད་མ་ནོར་བར་
འབྱེད་པར་བྱེད་པ་ཡིན་ནོ། །རྟོག་བཅས་ཀྱི་བློ་འདིས་སྒྲོག་ཏུ་གྱུར་པའི་ཆོས་གཞན་ཇི་ལྟར་
རྗེས་སུ་དཔག་པར་བྱ་ཞེ་ན། ཆོས་གང་ལ་བརྟེན་ནས་ཆོས་གཞན་གང་ཞིག་གོ་ནུས་པ་དེ་
ནི་རྟགས་ཞེས་བྱ་ལ། དེ་ཡང་རྟགས་དེ་ཉིད་བསྐུབ་བྱ་ཕྱོགས་ཀྱི་ཆོས་སུ་གྲུབ་པ་ནི་ཆུལ་
དང་པོ་ཕྱོགས་ཆོས་ཞེས་བྱ་བ་ཡིན་ཏེ། རྟོད་གཞི་གང་ལ་རྟགས་དེ་མ་གྲུབ་ན་ཁྱབ་པ་
དཔྱད་པ་དོན་མེད་པས་དང་པོར་གཞི་བུམ་པ་ལྟ་བུ་ལ། རྟགས་བྱས་པ་ལྟ་བུ་དེ་ཡོད་མེད་
དཔྱད་པར་བྱའོ། །རྟགས་གྲུབ་ནས་རྟགས་དེ་དང་བསྐུབ་བྱའི་ཆོས་གང་ཡིན་པ་དེ་གཉིས་
ལ་འབྲེལ་བ་དཔྱད་པར་བྱས་པས། རྟགས་དེ་ཉིད་ཀྱི་རྗེས་སུ་བསྐུབ་བྱ་འགྲོ་བ་ཡོད་པ་ནི་
ཆུལ་གཉིས་པ་རྗེས་འགྲོ་ཞེས་བྱ་སྟེ། དཔེར་བྱས་པ་ཡིན་ན་མི་རྟག་པ་ཡིན་པའི་ཁྱབ
པ་ཆད་མས་ངེས་པས་ན། རྟགས་བྱས་པའི་རྗེས་སུ་མི་རྟག་པ་འགྲོ་བ་ལྟ་བུའོ། །ཡང་
བསྐུབ་བྱའི་ཆོས་དེ་ལོག་པའམ་མེད་པར་གྱུར་ན། རྟགས་དེ་ཡང་ལྡོག་པ་སྟེ་ཡོད་མི་སྲིད་
པ། མི་རྟག་པ་མ་ཡིན་ན

"conceptualization based in evidence." It also assesses obscure objects that are not immediately apparent by means of concepts about the past by way of recollection, concepts about the future by way of wanting something to manifest, concepts that apprehend evidence, the basis of inference, and concepts about signified objects to be inferred from evidence. Thus, if there were no conceptual inference, then like a newborn infant that does not understand to be frightened of fire, one would not be able to engage in or refrain from what should be adopted and abandoned, whatsoever.

Conceptual mind is also two-fold: unmistaken, like conceptualizing a rope as a rope and conceptualizing a mirage as a mirage; and mistaken, like conceptualizing a rope as a snake, and a mirage as water. From among them, it is based on unmistaken conceptuality that one can unerringly discern all the conventions of knowable objects throughout the three times.

How is it that the conceptual mind should infer some other obscure phenomenon? Phenomenon based on which some other phenomenon can be comprehended is called "evidence."

To elaborate, the establishment of some evidence as a property belonging to the position of a thesis is the first criterion, which is called the "property of the position." If evidence has not been established with respect to some issue under dispute there is no point in analyzing logical concomitance. Thus, one should initially analyze whether or not a piece of evidence, like being produced, pertains to some subject, like pot.

Once the evidence has been established, one analyzes the relationship between that evidence and the property of the thesis to be proven. That the thesis to be proven is entailed by the evidence is the second criterion, called "positive concomitance." For example, it is like how "impermanence" is entailed by the evidence of "being produced," because one ascertains through valid cognition that if something is produced it is necessarily impermanent.

Alternatively, when the property of the thesis to be proven is reversed or non-existent the evidence too is reversed such that its existence is impossible. It is like how if something is not impermanent its

བྱས་པ་དེ་ཡང་མི་འབྱུང་བ་ལྟ་བུ་ནི་ཚུལ་གསུམ་པ་ལྡོག་པ་ཞེས་བྱའོ། །ཚུལ་ཕྱི་མ་འདི་གཉིས་ནི་ཚད་མའི་བློ་ནས་ངེས་སུ་འགྲོ་ལྡོག་གི་ཁྱབ་པ་ངེས་པ་ལ་བརྗོད་པ་ཡིན་ཞིང་། དེ་དག་དཔེས་བསྟན་པའི་སྐབས་སུ་མཐུན་ཕྱོགས་མཐའ་དག་ལ་ཡོད་པ་དང་། མི་མཐུན་ཕྱོགས་མཐའ་དག་ལས་ལྡོག་པ་ཞེས་བཤད་དོ། །དེ་ལྟར་ཚུལ་གསུམ་ཚང་བ་ནི་བསྒྲུབ་བྱ་འགྲུབ་ནུས་ཀྱི་རྟགས་ཡང་དག་ཡིན་ལ། མ་ཚང་བ་ནི་གཏན་ཚིགས་ལྟར་སྣང་བ་སྟེ་དེ་ཡང་རྟགས་མ་གྲུབ་པ་སོགས་ཀྱི་ཚུལ་ལ་ནང་གི་དབྱེ་བ་དུ་མར་ཡོད་དོ། །རྟགས་ཡང་དག་ཏུ་གྱུར་པ་དེ་ལ་མཚན་གཞིའི་དབྱེ་བ་དུ་ཡོད་ཅེ་ན། འབྲས་རང་མ་དམིགས་པའི་རྟགས་གསུམ་དུ་ཡོད་དེ། དེ་བྱུང་གི་འབྲེལ་བ་ལ་བརྟེན་ནས་འབྲས་བུས་རྒྱུ་དཔོག་པ་འབྲས་རྟགས་དང་། བདག་གཅིག་འབྲེལ་ལས་རྟགས་དེས་ཆོས་གཞན་བསྒྲུབ་པ་རང་བཞིན་གྱི་རྟགས་དང་གཉིས་ནི་སྒྲུབ་རྟགས་ཡིན་ལ། སྣང་རུང་མ་དམིགས་པའམ་འགལ་ཟླ་དམིགས་པས་གཞན་ཁེགས་པ་གཉིས་ཀ་དོན་དུ་དགག་བྱའི་ངོ་བོ་བཀག་པ་ཡིན་པས་མ་དམིགས་པའི་རྟགས་ཞེས་བྱའོ། །དེ་དག་གི་ནང་གསེས་ཀྱི་དབྱེ་བ་ནི། འབྲས་རྟགས་ལ་སྦྱོར་བ་འགོད་ཚུལ་གྱིས་ལྟ་སྟེ། དུ་ལྡན་གྱི་ལ་ལ་ཆོས་ཅན། མེ་ཡོད་དེ། དུ་བ་ཡོད་པའི་ཕྱིར་ལྟ་བུ་རྒྱུ་དངོས་སུ་སྒྲུབ་པའི་འབྲས་རྟགས་ཀྱི་སྦྱོར་བ། དེ་བཞིན་དུ་བར་སྣང་གི་དུ་བ་སྔོ་ལོང་པོ་ཆོས་ཅན། རང་རྒྱུ་མེ་སྔ་མ་སྔོན་སོང་ཡིན་ཏེ། དུ་བ་ཡིན་པའི་ཕྱིར་ཞེས་པ་རྒྱུ་སྔོན་སོང་བསྒྲུབ་པ། ཉེར་ལེན་གྱི་ཕུང་པོ་ཆོས་ཅན། རང་རྒྱུ་དང་བཅས་པ་ཡིན་ཏེ། རེས་འགའ་བའི་དངོས་པོ་ཡིན་པའི་ཕྱིར་ཞེས་པ། རྒྱུ་སྤྱི་སྒྲུབ་པ། སྔོར་སྣང་དབང་ཤེས་ཆོས་ཅན། རང་གི་དམིགས་རྐྱེན་དང་བཅས་པ་ཡིན་ཏེ། དབང་ཤེས་ཡིན་པའི་ཕྱིར་ཞེས་པ་རྒྱུ་ཁྱད་པར་བསྒྲུབ་པ། ཁ་ནང་གི་བུར་གོང་ཆོས་ཅན། གཟུགས་ཡོད་དེ། རོ་ཡོད་པའི་ཕྱིར། ཞེས་པ་ལྟ་བུ་རྒྱུ་ཆོས་རྗེས་དཔག་གི་འབྲས་རྟགས་ཡིན་ཏེ།

being produced also does not occur. This is the third criterion, called "negative concomitance."

These two final criteria are described as the ascertainment of positive and negative concomitance by means of valid cognition. And in the context of illustrating those through examples, they are explained as "what pertains to all concordant factors and is the opposite of all discordant factors."

The three criteria being complete in that way makes for correct evidence, which is capable of establishing the thesis to be proven. Without these being complete, it is a spurious syllogism, in that the evidence is not established, and so forth—its manner includes multiple internal divisions.

How many illustrations are there for evidence that is correct? There are three: resultant evidence, natural evidence, and evidence of non-observation. There are two kinds of positive evidence. These are resultant evidence, in which a cause is inferred via an effect based on the relationship of causality; and natural evidence, in which the evidence establishes another property through the relationship of identity.

There is also the non-observation of something that could feasibly appear, or the negation of something through the observation of its opposite. Since both of these actually negate the essence of something to be negated, they are called "evidence of non-observation."

As for their internal divisions, in terms of how syllogisms are put forth, resultant evidence is fivefold. There are syllogisms of resultant evidence that directly prove causes, as in "The subject, on a smoky pass, there is fire, because there is smoke." Likewise, there are those that prove a preceding cause, as in "The subject, billowing blue smoke in space, is preceded by a previous fire as its cause, because of being smoke." There are those that generally prove a cause, as in "The subject, the appropriated aggregates, are associated with their causes, because of being temporary objects." There are those that prove causes in their particularity, as in "The subject, a sense cognition to which blue appears, is associated with its observed-object condition, because of being a sense consciousness." There is also resultant evidence, which infers properties of causes, as in "The subject, a lump of molasses in the mouth, has form, because of having flavor." This is resultant evidence

དོན་དུ་བྱུར་རོ་ད་ལྟ་བ་ལས་སྤྱ་མ་དང་ད་ལྟའི་རོ་གཟུགས་གཉིས་ཚོགས་པ་གཅིག་པར་
རྒྱུ་སྤྱ་མས་བསྐྱེད་པ་དཔོག་པ་ཡིན་པའི་ཕྱིར་རོ། །དེ་ལྟར་འབྱས་བུས་རྒྱུ་སྒྲུབ་ཚུལ་
དུ་མ་ཡོད་པའི་སྤྱ་རིས་ཕྱིས་པ་འདིས་རྒྱུ་མི་གསལ་བ་ལས་རྟེན་བརྟེན་པ་སོགས་འབྱས་
བུས་རྒྱུ་དཔོག་པའི་རིགས་མ་ཐྱུན་ཐམས་ཅད་འབྱས་རྟགས་ཀྱི་ཁོངས་སུ་བསྡུ་ཞེས་པར་
བྱའོ། །རང་བཞིན་གྱི་རྟགས་ལ་སྨྲ་ཚོས་ཅན། མི་རྟག་སྟེ། བྱས་པའི་ཕྱིར་རམ་སྐྱེས་
པའི་ཕྱིར་ལྟ་བུ། ཁྱད་པར་ལྡོས་པ་བ་དང་། ཙོད་གཞི་དང་བསྒྲུབ་ཚོས་འདུ་ལ། རྟགས་
དངོས་པོར་ཡོད་པ་ཡིན་པའི་ཕྱིར་ཞེས་བཀོད་པ། ཁྱད་པར་དག་པ་བའི་རང་བཞིན་གྱི་
རྟགས་སྒྲོར་ཞེས་བྱ་སྟེ། རྟགས་དེ་ཉིད་བརྗོད་ཚུལ་གྱི་སྤྱ་མ་གཞན་གྱི་འབྱས་བྱར་བསྟན་
པས་གཞན་ལ་ལྡོས་པ་ལྟ་བུ་དང་། ཕྱི་མར་རང་དབང་བའི་ཚུལ་དུ་ཌོ་བོ་ཚམ་སྡོས་པས་
མི་ལྡོས་པར་དག་པ་ཞེས་རྣམ་བཞག་ཚམ་ལས་དོན་གྱི་ཁྱད་པར་མེད་དོ། །མ་དམིགས་
པའི་རྟགས་སྒྲོར་ལ་མི་སྣང་བ་མ་དམིགས་པ་དང་སྣང་རུང་མ་དམིགས་པ་གཉིས། དང་
པོ་མདུན་གྱི་གཞི་འདིར་ཚོས་ཅན། ཁ་ཟ་བསྐལ་དོན་དུ་སོང་བའི་གང་ཟག་གིས་ཁ་ཟ་
ཡོད་མེད་གང་རུང་དུ་མི་ཌེས་ཏེ། དེ་དེ་ལ་མི་སྣང་བས་མ་དམིགས་པ་ཡིན་པའི་ཕྱིར།
ཞེས་པ་ལྟ་བུ་དེ་ནི་སྐྱབས་འདིར་མ་དམིགས་པས་མེད་པར་བསྒྲུབ་པ་ལ་སྣང་མི་རུང་དང་།
སྣང་རུང་གཉིས་ཡོད་པའི་དང་པོ། ཡུལ་དུས་རོ་བོས་བསྐལ་བའི་དངོས་པོ་རྣམས་ནི་ཡོད་
ཀྱང་བསྐལ་དོན་དུ་སོང་བའི་གང་ཟག་གིས་དེ་དམིགས་མི་ནུས་ཏེ། ཁ་ཟ་དང་བར་སྤྱིད་
ལྟ་བུ་ཕྱོགས་འདིར་ཡོད་ཀྱང་མི་སྣང་བ་ཉིད་ཀྱི་ཕྱིར་མི་དམིགས་པ་ཡིན་ནོ་ཞེས་བསྟན་
པས་མི་སྣང་བ་མ་དམིགས་པས་ནི་

because it actually infers the previous molasses flavor from the present one, and, because it infers that the combined presence of both the previous and present flavor and form was produced by a previous cause. Through this fine differentiation between such multiple ways that exist for proving causes by way of effects one should understand all similar types in which causes are inferred through effects, such as the stability of a receptacle based on the water inside it not shifting and the like, as included within resultant evidence.

Among natural evidence, there are syllogisms with natural evidence based on qualification, as in "The subject, sound, is impermanent because of being produced, or because of being created." And there are syllogisms with natural evidence free of qualification, like adding to the same subject and thesis to be proven the evidence "because of being something that exists as an entity." In terms of the style of expressing the evidence, the former demonstrates the subject as the result of something else, and thus it is as though it relies on something else. The latter evidence is the mere essence of the subject expressed in an independent manner, thus it is called "independently free." Yet, beyond mere verbal presentation there is no difference in meaning between these.

Syllogisms with evidence of non-observation are two-fold: non-observation of something that does not appear and non-observation of something that can appear. The first of these is as follows: "The subject, here on the floor in front, a person to whom a flesh-eating demon is far removed from is uncertain whether or not there is a flesh-eating demon, because, since it does not appear to him, he does not observe it."

Such a statement, which in this context is for proving that something is absent because of not having observed it, is two-fold: things that cannot appear and things that can appear.

The first is as follows: objects that are remote in terms of location, time and nature cannot be observed by a person for whom they are remote objects, despite their presence. For despite the presence in this location of things like flesh-eating demons and bardo beings, since they are not things that appear to such a person, it is taught that, "He does not observe them." Thus, the fact that it is things that do not appear, which are not observed, demonstrates that there is no genuine

ཡོད་དེས་མེད་དེས་སུ་དཔྱད་ཤེས་དོན་མཐུན་འཇུག་པ་མེད་པར་སྟོན་ལ་དེ་ལས་གཞན་
སྣང་རུང་ཡིན་ན་མི་དམིགས་པས་ཁེགས་ཤེས་བྱུང་ཕྱི་བའི་དོན་ཡིན་ནོ། །འདི་ཕྱགས་
སྟོར་དུ་འགྲོ་ཆུལ་ཡོད་དེས་མམ་མེད་དེས་ཀྱི་ཐ་སྙད་འགོག་པ་ཚམ་མོ། །འདིའི་ཕྱགས་
སྟོར་འགོད་ཆུལ་ལ་བསྐལ་དོན་དུ་སོང་བའི་རྒྱུད་ལ་ཤ་ཟ་དམིགས་བྱེད་ཀྱི་ཆན་མ་མེད་
པའི་ཕྱིར་ཤེས་བཀོད་པ་ནི་མི་སྣང་བ་མ་དམིགས་པའི་དོན་དང་མི་འབྱོར་རོ། །མི་སྣང་བ་
མ་དམིགས་པ་འདིས་གང་ཟག་གིས་གང་ཟག་གི་ཚོན་མི་ཟིན་པ་སོགས་མ་དོར་ན་དཔོག་
མ་ནུས་པའི་དངོས་པོ་ལ་སྒྲོ་སྐུར་མི་བྱ་བར་དོན་ཀྱིས་བསྡུན་ཏོ། །སྣང་རུང་མ་དམིགས་
པ་ལ། དམིགས་རུང་མ་དམིགས་པ་དང་། འགལ་ཟླ་དམིགས་པ་གཉིས། དང་པོ་ལ་
རང་བཞིན་མ་དམིགས་པ་ཁྱིམ་འདི་ན་ཚོས་ཚན། བུམ་པ་མེད་དེ། སྣང་རུང་ཆད་མས་
མ་དམིགས་པའི་ཕྱིར་ཤེས་པ་ལྟ་བུ། འབྲེལ་ཟླ་མ་དམིགས་པ་ལས་རྒྱུ་མ་དམིགས་པ་
ནི། མཚན་མོའི་རྒྱ་མཚོར་ཚོས་ཚན། དུ་བ་མེད་དེ། མེ་མེད་པའི་ཕྱིར་ལྟ་བུ། ཁྱབ་
བྱེད་མ་དམིགས་པ་བྲག་རྡོང་པ་གིན་ཚོས་ཚན། ཤ་བ་མེད་དེ། ཤིང་མེད་པའི་ཕྱིར་ལྟ་བུ།
དངོས་འབྲས་མ་དམིགས་པ། དུ་བས་དབེན་པའི་ཕྱིག་སྒོར་དུ་ཚོས་ཚན། དུ་བའི་དངོས་
རྒྱུ་མེད་དེ། དངོས་འབྲས་དུ་བ་མེད་པའི་ཕྱིར་ཤེས་པ་ལྟ་བུའོ། །སྣང་རུང་གི་འགལ་ཟླ་
དམིགས་པ་ལ། ལྡན་ཚིག་མི་གནས་འགལ་ལ་བརྟེན་པ་དང་། ཕན་ཚུན་སྤང་འགལ་
ལ་བརྟེན་པའི་འགལ་དམིགས་ཀྱི་ཧྲགས་སྤོར་གཉིས་ལས། དང་པོ་ལ་བཅུ་གཉིས་ཏེ།
ཕྱོགས་ཐ་གིར་ཚོས་ཚན་ཤེས་པ་ཚོད་གཞི་དང་།

engagement with them in accordance with reality, meaning that one analyzes whether one can be certain about their presence or absence. This has the further goal of differentiating it from its contrary. If these were things that could appear then they would be negated by not being observed.

The way in which this goes into syllogistic evidence involves only the negation of the convention of being certain about something's presence or absence. As for the way in which its evidence is presented in syllogism, presenting its evidence as, "because there is no valid cognition that perceives flesh-eating demons in the mind stream of one for whom they are remote objects" would not correspond with the meaning of not observing what does not appear.

In brief, the non-observation of something that does not appear in actuality teaches not to exaggerate or denigrate things that cannot be inferred, as people do not rightly know what is fitting for each other, and so forth.

The non-observation of something that can appear is two-fold: the non-observation of something that can be observed and observation of something's opposite.

The first of these includes non-observation of nature (*rang bzhin ma dmigs pa*) as in "The subject, in this house, there is no pot, because of not observed with a valid cognition to which it could appear."

The first category also includes the non-observation of a related item. This further includes the non-observation of the cause, as in, "The subject, on the lake at night, there is no smoke because there is no fire." It also includes the non-observation of the entailing factor (*khyab byed*) as in "The subject, on the stony crag over there, there is no aśoka tree because there are no trees." And it includes also the non-observation of the direct effect (*dngos 'bras*) as in "The subject, in the circular wall devoid of smoke, there is no direct result of smoke because there is no smoke."

Within the category of the observation of the opposite, there are two types of syllogism: those based on a non-coexistent opposition and those based on mutually exclusive opposition.

The first of these is twelve-fold. Taking the issue under dispute to be "The subject, in the direction over there," and taking the evidence

མེས་ཁྱབ་པའི་ཕྱིར་ཞེས་པ་རྟགས་སུ་བྱས་ནས། གྱང་རིག་མེད་པ་དང་། གྱང་རིག་གི་
དངོས་རྒྱུ་ནུས་པ་ཐོགས་མེད་མིན་པ་དང་། གྱང་འབྲས་སྨྱུ་འོང་བྱེད་མིན་པ་དང་། ཁ་
བའི་རིག་པ་མེད་པ་རྣམས། བསྒྲུབ་ཚོས་སུ་བྱས་པ་དེ་རིམ་པ་ལྟར། རང་བཞིན་དང་
རྒྱུ་དང་འབྲས་བུ་དང་ཁྱབ་བུ་དང་འགལ་བའི་རང་བཞིན་དམིགས་པའི་རྟགས་སློར་
རོ། །ཡང་ཚུད་གཞི་གོང་ལྟར་ལ། རྟགས་དུ་བ་དྲག་ཏུ་འཕྱུར་བས་ཁྱབ་པར་རོན་པ་
བགོད་ནས་གྱང་རིག་སོགས་གོང་གི་བཞི་འགོག་པ་ནེ། རང་བཞིན་དང་འགལ་བའི་
འབྲས་བུ་དམིགས་པ་ལ་སོགས་པའོ། །ཡང་ཚུད་གཞི་འདང་ལ། རྟགས་ཚན་དན་གྱི་
མེས་ཁྱབ་པར་རོན་པ་བགོད་ནས་གྱང་རིག་སོགས་བཞི་འགོག་པ་ནེ། རང་བཞིན་དང་
འགལ་བའི་ཁྱབ་བུ་དམིགས་པ་ལ་སོགས་པ་བཞིའོ། །ཡང་བོད་ཀྱི་མཁས་པ་དག་
མེའི་དངོས་རྒྱུ་ནུས་པ་ཐོགས་མེད་ཀྱིས་ནོན་པ་རྟགས་སུ་བགོད་ནས། སྣ་མ་ལྟར་བཞི་
པོ་འགོག་པ་བསྒྲུན་ཏེ་འགལ་དམིགས་ཀྱི་སློར་བ་བཅུ་དྲུག་ཏུ་བཞེད་པ་ལ། མཁས་པ་
གཞན་གྱིས། མེའི་དངོས་རྒྱུ་མེ་མིན་ལ་དངོས་འབྲས་བསྐྱེད་མ་རག་པའི་སྐྱེད་ཚིག་མ་
ཡིན་པས་རྟགས་སུ་ཟེས་མི་རུས་ཞེས་ནན་ཏན་བཀགག་པར་མཛད་པ་དེ་ལྟར་ཡིན་ཀྱང་།
སྟེར་མེའི་དངོས་རྒྱུ་ནུས་པ་མཐུ་ཚན་ཡོད་པར། གྱང་རིག་གི་དངོས་རྒྱུ་མེད་པས་གཞན་
གསུམ་ཡང་མེད་པར་གྱུར་བས་ན་སློར་བ་དེ་ལྟ་བུ་ལ་དོན་གྱི་འགལ་བ་མེད་པ་ཚམ་ཡོད་
ཀྱང་། སྣ་མ་ལྟར་སློར་བ་བཅུ་གཉིས་སུ་བཞེད་པ་འཐུག་པ་བའི་བས། སྐབས་འདིར་དེ་
ལྟར་བཟུང་བར་བྱའོ། །ཕན་ཚུན་སྤང་འགལ་ལས་དངོས་འགལ་ལ་འགལ་དམིགས་ཀྱི་
རྟགས་དང་བསྒྲུབ་བྱར་གྱུར་པ་མེད་དེ་དོན་གཅིག་ཏུ་འོང་བའི་ཕྱིར་རོ། །སྨྲ་ཚོས་ཚན། མི་
རྟག་སྟེ། བྱས་པའམ་ཚོལ་བྱུང་གི་ཕྱིར་ཞེས་པ་ལྟ་བུ། བརྒྱུད་འགལ་གྱི་ཁྱབ་བུ་བགོད་པ་
ལས། ཁྱབ་བྱེད་ཀྱི་འགལ་བླ་འགོག་པ་འདི་ལ་ཚད་མས་གནོད་འགལ་ཞེས་ཀྱང་ཟེར་ཏེ།
འགལ་བླ་རྣམ་བཅད་ཀྱི་ཚ་ནས་མ་དམིགས་པའི་ཐ་སྙད་ཚམ་དུང་མོད།

to be "because it is engulfed by fire," the property to be proven is construed as "there is no cold sensation," "there is no unobstructed capacity of a direct cause of a cold sensation," "there are no goose bumps as the result of cold," and "there is no sensation of snow." These respectively constitute syllogisms involving the observation of the nature of an opposite in terms of nature, cause, result and encompassed factor.

Moreover, negating the above four of "cold sensation" and the rest by putting forth as evidence "covered completely by billowing smoke" for the same issue under dispute as above is the observation of a result that is opposite in terms of nature and the other three.

Negating the four of "cold sensation" and the rest by putting forth as evidence "covered completely by a sandalwood fire" for the same issue under dispute is the observation of an encompassed factor that is opposite in terms of nature and the other three, thus making four more.

Moreover, some Tibetan scholars maintain that there are sixteen syllogisms involving the observation of an opposite. They add to the previous ones the negation of all four by putting forth as evidence "covered by the unobstructed capacity of a direct cause of fire."

Other scholars have emphatically rejected that, saying: "The direct cause of fire is not fire. The moment just before the production of the direct result is. Thus, it cannot function as evidence." Despite such, because there is generally no direct cause of a cold sensation where there is the potent capacity of the direct cause of fire, the other three would also not be present. Consequently, in such syllogisms there is only the absence of opposites in actuality. Nonetheless, since the previous opinion of twelve syllogisms is easier to apply, we should maintain such in this context.

With opposites of mutual exclusion, direct opposites have no evidence and no thesis to prove involving the observation of opposites because they end up being the same object. For example, in "The subject, sound, is impermanent because it is produced, or because it emerges with effort," the opposite of the encompassing factor is negated based on presenting an encompassed factor that indirectly opposes it. This is also called "an opposite problemetized by valid cognition." Here, from the perspective of the exclusion of the opposite, the mere moniker of non-observation is indeed suitable. However, when considered

ཐག་པ་རྣམ་བཏད་ལ་ཞིགས་པས་མི་ཐག་པ་ཡོངས་གཅོད་དུ་གྲུབ་པའི་ཆ་ནས་བསམ་
ན་མི་དམིགས་པ་རྣམས་རང་བཞིན་གྱི་ཐགས་སུ་འདུ་རུང་ངོ༌། གཞན་ཡང་སྦྱོ་འགལ་
སོགས་ཀྱང་འདིའི་མཚོན་ནས་དེའི་ཁོངས་སུ་འདུ་ལ། དངོས་སུ་ཐགས་སྦྱོར་བའི་རྣམ་
གྲངས་སུ་མ་མཛད་དེ་དངོས་རྒྱུ་ནུས་པ་ཐོགས་མེད་ལྟར་ཐལ་བས་ངེས་དཀའ་བའི་ཕྱིར་
རོ། །རྒྱུ་ཚོགས་གྲངས་ཚང་གི་གཏན་ཚིགས་ཀྱང་རང་བཞིན་དུ་འདུ་བ་སོགས། ཐགས་
གསུམ་གྱི་རིགས་ཅན་གྱི་སྦྱོར་བ་གཞན་རྣམས་ཀྱང་འདི་གསུམ་གྱི་ཁོངས་སུ་བསྡུ་པར་
བྱ་སྟེ། གཅིག་ཏུ་བྲལ་གྱི་གཏན་ཚིགས་དེ་བདེན་པའི་ཁྱབ་བྱེད་མ་དམིགས་པ་ཡིན་པ་
ལ་སོགས་པ་བཞིན་ནོ། །དེ་ལྟར་གཏན་ཚིགས་ཡང་དག་གི་སྟོ་ནས་དོན་གང་ཡིན་པ་
རང་གིས་ཆུལ་བཞིན་རྟོགས་པ་ནི་རང་དོན་རྗེས་དཔག་ཡིན་ལ། དེ་ལ་བརྟེན་ནས་གང་
ཟག་གཞན་ལ་ཡང་རིགས་པ་དང་མཐུན་པར་དོན་གང་ཡིན་པ་སྒྲུབ་པ་དང༌། དོན་དང་
མི་མཐུན་པར་སྒྲུབ་ལ་སུན་འབྱིན་བཟོད་པའི་གཞན་དོན་གྱི་རྗེས་དཔག་ཅེས་བྱའོ། །ཡ
རོལ་གྱི་འདོད་པ་སུན་འབྱིན་པའི་ཚེ། ཚོད་པའི་གཞི་ཕྱོགས་ནི། ཚད་མས་གྲུབ་བསལ་
མེད་ལ་དཔག་གཞིར་བཟུང་བ་སྟེ། མི་ཚ་བ་ལྷ་བུ་ཆོལ་བ་གཞིས་ཀའི་དོར་ཚད་མས་གྲུབ་
ཅིན་པ་དང༌། མི་གྲང་བ་ཡིན་པ་ལྷ་བུ་ཆད་མས་བསལ་ཅིན་པ་ལ་སྒྲུབ་བྱེད་མི་འཇུག་གི
།སྒྲ་ཐག་པ་དང་མི་ཐག་པར་འཇིན་པ་ཐ་དད་པའི་དབང་གིས་དཔག་བཞིར་བཟུང་བ་ལྷ་བུ་
ལ། སྒྲུབ་བྱེད་ཀྱི་གཏན་ཚོགས་འགོད་པ་ཡིན་ནོ། །དེ་ཡང་སྒྲུབ་པའི་ཚེ་ན་ཆུལ་གསུམ་
ཚང་བའི་གཏན་ཚོགས་རང་རྒྱུད་པ་སྦྱོར་དགོས་ཏེ་ཐགས་ཁྱབ་ཆད་མས་འསྒྲུབ་དགོས་ཀྱི།
།ཁས་བླང་བ་ཙམ་གྱིས་མི་འགྲུབ་པས་སོ། །སུན་འབྱིན་ལ་ནི་རང་རྒྱུད་དང་ཐལ་བའི་དག
གཉིས་ཀའང་ཡོད་དོ། །སྒྲ་ཐག་པར་འདོད་པའི་ཕྱི་རོལ་པ་སུན་འབྱིན་ཕྱིར་

from the perspective of the inclusion of impermanence through negating the excluded permanence, non-observation ought to be included among natural evidence.

Moreover, as indicated by such, contradictory mental states are also to be included among natural evidence and therefore have not actually been construed as a category of syllogistic evidence. This is because, like the unobstructed capacity of a direct cause, it is difficult for ordinary beings to ascertain them.

A reasoning in which a collection of causes is complete in number is also included among natural syllogisms. In this way, all other syllogisms possessing the character of the three types of evidence should likewise be include among them. This is like how the reasoning of absence of singularity and plurality involves the non-observation of the encompassing factor of truth.

Properly understanding in such a way, by oneself, a certain fact by means of a correct reasoning is called "inference for one's own benefit." Whereas, expressing to another person as well, based on the former, the proof of a certain fact, in conformity with reason, while refuting those who speak inconsistently with fact is called "inference for another's benefit."

When refuting the position of an opponent, the factor of the issue under dispute is held as an issue of interrogation, not something that has already been established or rejected through valid cognition. This means that proof is not garnered for something that has already been established by valid cognition in the perception of both parties, like fire being hot, or something that has already been rejected by valid cognition, like fire being cold. Rather, a reason of proof is put forth in the case when something like sound is held as an issue of interrogation because there are different positions that maintain it to be permanent or impermanent, respectively.

To elaborate, when proving something, an autonomous syllogism with the three criteria complete must be enlisted. This is because the evidence must be established according to valid necessity and not by mere acceptance.

Refutation also includes both autonomous and consequential language. In order to refute an opponent who claims that sound is

སྐྱུ་མི་ཧྲག་སྟེ་བྱས་པའི་ཕྱིར་སྤུ་བུ་རང་རྐྱད་དུ་འགོད་པ་དང་། རྐྱལ་བ་དེ་ལ། སྐྱུ་ཆོས་
ཅན། མ་བྱུས་པར་ཐལ། ཧྲག་པའི་ཕྱིར་ཞེས་ཧྲགས་ཁས་བླང་གིས་གྲུབ་པ་བཀོད་ནས་
མི་འདོད་པར་ཐལ་བ་འཐེན་པའང་རུང་བས་ན་ཧྲགས་ཁྱབ་ཆད་མའམ་ཁས་བླང་གིས་
གྲུབ་ཆུལ་ལས་ཐལ་བ་འཐེན་པའི་རྣམ་དབྱེ་སྣ་སོགས་སུ་འགྱུར་རོ། །གང་ཞིག་འབྲེལ་
བའི་གཏན་རྣམ་པར་ངེས་པས་གཞན་དང་ རྗོད་པར་བྱ་བ་ལ། རང་གཞན་གྱི་གཞུང་
ལུགས་དག་གིས་བསྒྲུབ་བྱའི་ཚིག་དོན་དང་འདི་ཞིང་ལན་གདབ་པ་དང་དབྱེ་བསྡུ་སོགས་
ཀྱི་གནས་ཆུལ་བཞིན་རྟོགས་པ་སྨྲ་བ་ལ་མཁས་པ་དང་། མི་འཇིགས་པའི་སྤོབས་པ་
བརྟན་པས་ཚིག་ཟུར་ཕྱིན་ཅིང་བཉ་འཕྲོད་ལ། ཚིག་དང་སོགས་དགོས་མེད་དོར་ཞིང་
དགོས་པ་སྨིན་བར་བརྗོད་པ་སྨྲ་བའི་རྒྱུན་དང་ལྗུན་པའི་སྨྲ་ནས་སྨྲ་བའི་ཞལ་ལྗེ་བའམ་
དཔང་པོ་དོན་དང་དོན་མིན་ཤེས་ཤིང་རྒྱལ་ཕམ་གྱི་རྣམ་གཞག་ཆུལ་བཞིན་འབྱེད་ནུས་
པ་རྒྱལ་པོ་དང་བླ་མའམ་ཁྲིམ་འདུས་པ་སྤུ་བུའི་གནས་སུ། སྨྲ་བའི་གཞི་ནི་མངོན་སུམ་
དང་རྗེས་དཔག་དང་དཔྱད་པ་གསུམ་གྱིས་དག་པའི་ལུང་ཡང་དག་སྟེ་ཆོན་མ་གསུམ་དང་
ལྗུན་པའི་གཏན་ཆིགས་དཔེ་དང་བརས་པ་ཡོངས་སུ་རྟོགས་པ་ལེགས་པར་སྨྲ་སྟེ་བྱར་
ཕྱིན་པར་བརྗོད་པས། དམ་བཅའ་བའི་དོན་ཡོངས་སུ་གྲུབ་པའི་སྨྲ་བ་དེའི་རྗེད་ཕྱོགས་
སུ་ཁྱེར་ནས་གྲགས་པར་འགྱུར་བ་ཡིན་ལ། ཞེན་ཀྱང་དོན་གྱི་གནས་བཅུ་གཉིས་མཚོང་
བའི་བྱང་རྒྱལ་སེམས་དཔའ་དགེ་ཕྱོགས་ལ་བརྟོན་པས་གཞན་དང་བཅུད་པར་མི་བྱ་ཞེས་
བཅོམ་ལྡན་འདས་ཀྱིས་གསུངས་པའི་དོན་ནི། དམ་པའི་ཚེས་ཀྱི་དོན་ཟབ་མོ་ཞེས་པ་
དང་། ཤེས་འདོད་ཀྱི་བསམ་པས་སྨྲ་བ་དང་།

permanent one can independently put forth something like, "Sound is impermanent because it is produced."

It is also suitable to project an unwanted consequence for the opponent by putting forth evidence that is established by his admission, as in, "It follows that the subject, sound, is not made because it is permanent." Thus, a consequence is projected based on how the evidence was already established, by his admission, even as a valid necessity. These two have multiple categories.

One who debates with another should do so through having gained complete certainty in diverse topics. This means that he should be familiar with the terminology and content of the topics taught in his own and others' scriptural traditions. He should be learned in interrogating and responding, and in communicating the proper understanding of extensive and abbreviated topics.

As someone who has stabilized his training of fearlessness, he should communicate clearly. He should thus speak by rejecting what is irrelevant, like improper words, and enlisting that is relevant. Through possessing such verbal "adornments" he should express the issue under discussion clearly, eloquently enlisting complete syllogisms, along with examples, endowed with the three valid cognitions—direct perception, inference, and authoritative testimony that has been authenticated by the three-fold analysis. He should speak thus at a location where there is a king and a master, or a crowd, capable of serving as a judge or a witness to the speech. It should be someone who understands what is correct and incorrect and can thus properly determine who wins or loses. The speech of the proponent who has fully established the truth of his thesis through speaking in this way will be carried far and wide and become renowned.

Nevertheless, the Blessed One said that a bodhisattva who sees the rarity of the following twelve occurrences in actuality "should exert himself in virtuous activity and not debate with others." The following are scarce:

1. To understand the profound meaning of the sacred Dharma,
2. To engage in discussion with the motivation of wishing to understand,

དོན་ཏེ་བཞིན་འབྱེད་རྣམས་པའི་ཚོགས་པ་མཁས་པ་རྣམས་དགོན་ལ། ཕྱོགས་ངན་པར་
ཞེན་པའི་ཉེས་པས་ཡིད་འཁྲུག་ཅིང་ཁྱད་གསོད་གཡོ་སྒྱུ་ཚིག་ངན་སོགས་ཀྱི་ཉེས་པ་སྐྱེ་
བ་དང་། འཁྲུག་པ་མེད་པ་དང་། གཞན་སེམས་སྐྱང་བ་དང་། ཉིང་ངེ་འཛིན་སྐྱང་བ་
དང་། རྒྱལ་ཁམས་ཀྱི་སེམས་དེ་དག་མེད་པའི་སྒྱུ་བ་དགོན་པ་དང་། རྒྱལ་ཁམས་བྱུང་ན་ཀུན་
ཉོན་མེད་པ་དང་། ཀུན་ཉོན་བྱུང་ན་བདེ་བ་ལ་རིག་པར་མི་གནས་པས་དགེ་ཚོས་བསྒོམ་
པ་དང་། དགེ་ཚོས་མི་སྐྱོམ་པས་སེམས་མཉམ་པར་འཇོག་པ་དང་། མཉམ་པར་བཞག་
ཀྱང་རྣམ་པར་གྲོལ་བ་དགོན་པའོ། །ཞེས་གསུངས་པ་ལྟར་ཙོད་པ་ཕལ་ཆེ་བ་ཆགས་སྐྱང་
གི་ཉེས་པ་ཙམ་ལས་དོན་ཏེ་བཞིན་འབྱེད་པ་ཤུང་ལ། སྐྱོན་དེ་དག་མེད་པར་རྒྱལ་བའི་
གསུང་རབ་ཀྱི་དོན་ལ་རིགས་པ་རྣམ་དག་གི་སྣོ་ནས་ཚུལ་བཞིན་དཔྱད་པའི་འབེལ་གཏམ་
དང་ཙོད་པ་བྱས་ན་ཚོས་མིན་འགོག་ཅིང་ཚོས་ཀྱི་རྒྱལ་འཕེལ་བར་འགྱུར་རོ། །གོང་
དུ་བསྟན་པའི་རིགས་པ་བཞི་ལས་ཕྱི་མ་འཐད་པ་སྒྲུབ་པའི་རིགས་པ་འདི་ལ། ཧེན་གྱི་
སྐྱོ་ནས་མངོན་རྗེས་གཉིས་དང་། བསྒྲུབ་བྱའི་སྐྱོ་ནས་སྐྱང་བ་ཀུན་རྫོབ་དཔྱོད་བྱེད་དང་།
སྒྱིང་པ་དོན་དམ་དཔྱོད་བྱེད་གཉིས་སམ། བདེན་གཉིས་དབྱེར་མེད་མཐར་ཐུག་དཔྱོད་
པའི་ཚད་མ་དང་གསུམ་དུ་ཡང་དབྱེ་རུང་ལ། སྒྲུབ་རྒྱལ་གྱི་སྐྱོ་ནས་དབྱེ་ན་ཡིན་ཡོད་དུ་
སྒྲུབ་པ་དང་། མེད་མ་ཡིན་དུ་དགག་པ་སྟེ་དགག་སྒྲུབ་ཀྱི་ཡན་ལག་བཞིའམ། གནས་
སྐབས་སུ་དགག་སྒྲུབ་གཉིས་དང་། མཐར་ཐུག་དགག་སྒྲུབ་ལས་འདས་པའི་སྒྱོས་བྲལ་
སོ་སོ་རང་གིས་རིག་པར་བྱ་བ་ཉིད་དུ་མཐར་ཕྱིན་པའོ། །

3. A learned assembly capable of properly adjudicating the meaning,
4. To abandon the faults of disparaging others, deceit, harsh words and the like with a mentality that is disturbed by the fault of attachment to a negative position,
5. To speak without being disturbed,
6. To speak while safeguarding others' minds,
7. To speak while maintaining meditative composure,
8. To speak without any concern about victory or defeat,
9. To be without disturbing emotions in victory or defeat,
10. To meditate on virtuous factors, since one cannot remain at ease once the disturbing emotions have arisen,
11. To settle the mind in equipoise without meditating on virtuous factors,
12. To be liberated even while resting evenly.

Accordingly, most debates stem from only the faults of attachment or aversion. Thus, few can discern the meaning as it is. But if one can enlist various topics and debate these without such faults, properly analyzing the meaning of the Victorious One's Exalted Word by means of authentic reasoning, this will serve to refute false Dharma and spread the tradition of real Dharma.

Among the four principles of reason taught above, the latter, the principle of valid proof, can be divided in terms of support into the two aspects of direct perception and inference. It can also be divided in terms of the thesis to be proven into the two aspects of the relative analysis of appearance and the absolute analysis of emptiness, or, into three aspects when including the valid cognition of the ultimate analysis of the two truths inseparable.

When dividing it in terms of the style of argumentation, there are four aspects of proving and negating, in which things are proven or negated either existentially or copulatively. There is also provisionally the dyad of proof and negation, and ultimately its culmination in the object of one's own individual self-awareness, the freedom from mental constructs beyond negating and proving.

རྟེན་པ་རྣམ་པ་བཞི།

དེ་ལྟར་བདེན་པ་གཉིས་ཀྱི་གནས་ཚུལ་ལ་ཚད་མ་གཉིས་སམ་རིགས་པ་བཞིས་ཚུལ་
བཞིན་དཔྱད་པ་ལ་བརྟེན་ནས་མ་རྟོགས་ལོག་རྟོག་ཐེ་ཚོམ་གྱི་དྲི་མ་དང་བྲལ་བ་ཇེས་པའི་
ཤེས་པ་ཡང་དག་པ་སྐྱེས་པའི་ཚེ་ན་རྟེན་པ་རྣམ་པ་བཞི་ཕྱོགས་ཀྱིས་འབྱུང་སྟེ། གང་ཟག་
ནི་ཅི་ལྟ་བུ་ཡང་རུང་དེ་ཉིད་ཀྱིས་འདག་གྲོལ་དུ་མི་བྱེད་ཀྱི། དེས་གང་བསྟན་པའི་ཚོས་
དེ་ལེགས་པར་རྟོན་དང་སྨྲ་ན་གཟུང་རུང་གི་མི་སྨྲ་ན་མི་རུང་བའི་ཕྱིར། གང་ཟག་
ལ་མི་རྟོན་ཚོས་ལ་རྟོན་པར་བྱའོ། །ཚོས་དེ་ལ་ཡང་རྟོན་བྱེད་ཀྱི་ཚིག་ནི་མཚུབ་མོས་ཟླ་བ་
བསྟན་པ་ལྟར། དོན་གོ་བྱེད་ཀྱི་སྒྲད་དུ་སྒྱུར་བ་ཙམ་སྟེ། བརྗོད་འདོད་ཀྱི་རྣམ་པར་བཞག་
པའི་ཚིག་ལས་སྐབས་ཀྱི་དོན་གོ་ན། ཚིག་གི་དགོས་པ་དེ་ཙམ་དུ་ཟད་པས། སྒྲར་ཡང་
ཚིག་ཚམ་ལ་འཆེལ་བར་མི་བྱ་སྟེ། ཚིག་གི་སྟོས་པ་ལྡུར་བླུང་ན་མཐའ་མེད་པར་འཐེལ་
ཞིང་དོན་བདེ་བླག་ཏུ་རྟོགས་པ་བྱུལ་བར་བྱེད་པའི་ཕྱིར་ཚིག་ལ་མི་རྟོན་དོན་ལ་རྟོན་པར་
བྱའོ། །གསུང་རབ་ཀྱིས་བསྟན་བྱའི་དོན་ལ་ཡང་དགོས་པའི་དབང་གིས་བསྟན་པ་གནས་
སྐབས་དང་བའི་དོན་དང་། དྲང་བ་ཙམ་གྱི་དོན་ཅན་མིན་པ་ཇེས་པའི་དོན་གཉིས་སུ་ཡོད་
པས། གདུལ་བྱའི་ཁམས་དབང་བསམ་པ་མ་ཁྲིན་ནས་གདུལ་བྱ་འདུལ་བའི་ཐབས་སུ་
གསུངས་པའི་ཚོས་ཀྱི་སྒྲོ་གོང་འོག་གི་རིམ་པ་དུ་མ་ཡོད་པ་རྣམས་ཀྱི་བསྟན་དོན་རིགས་
པས་ལེགས་པར་གཏན་ལ་ཕབ་སྟེ་གཟུང་དགོས་སོ། །དེ་ཡང་དཔེར་ན

30

The Four Reliances

Based on properly analyzing the genuine condition of the two truths through the two types of valid cognition or the four principles of reason, as outlined above, there will arise authentic certainty free from the defilements of lack of understanding, misunderstanding or doubt. At that point, the four reliances will automatically take place.

No matter what kind of person a teacher is, he cannot purify or liberate you. If the teaching he gives is truly meaningful, it is proper to adhere to it. But if it is not meaningful, it is improper to adhere to it. Thus, one should not rely on the person but on the teaching.

As for the teaching, moreover, the expressing words are merely utilized for the purpose of communicating meaning, just like a finger pointing to the moon. If one understands a certain meaning based on the words that present what is intended, then the purpose of the words is exhausted and therefore should not be pursued further. If one embraces the elaboration of words, they increase endlessly and will impair one's understanding of meaning. Thus, one should not rely on the words but on the meaning.

The content taught by the Exalted Word, moreover, has the two aspects of a provisional expedient meaning taught out of necessity and the definitive meaning that does not have a merely expedient meaning. One should therefore fully settle upon and retain, by means of reasoning, the content of all the different levels of Dharma-gates, which were spoken as methods for taming disciples based on the Buddha knowing their respective dispositions, faculties and inclinations. There are, for example, the following kinds.

དགོས་པའི་དབང་གིས་དགོངས་གཞི་གཞན་ལ་དགོངས་པ། མཉམ་པ་ཉིད་ལ་དགོངས་
ནས་སྟོན་པ་ཉིད་ཀྱིས་ང་དེའི་ཚེ་སངས་རྒྱས་རྣམ་པར་གཟིགས་སུ་གྱུར་ཏོ་ཞེས་གསུངས་
པ་དང་། དོན་གཞན་ལ་དགོངས་པ་ཚོས་ཐམས་ཅད་དོ་བོ་ཉིད་མེད་དོ་ཞེས་དང་གཟུགས་
མེད་ཚོར་བ་མེད་ཅེས་སོགས་གསུངས་པ་ཐ་སྙད་ཚམ་དུ་ནི་མ་ཡིན་གྱི་དོན་དམ་པར་
དགོངས་པའོ། །དུས་གཞན་ལ་དགོངས་པ་སངས་རྒྱས་གང་གི་མཚན་བཟུང་བ་ཚམ་
གྱིས་དེའི་ཞིང་དུ་སྐྱེ་བར་གསུངས་པ་ཚེ་འདི་བརྗེས་མ་ཐག་དུ་སྐྱེ་བའི་ངེས་པ་མེད་ཀྱང་
དུས་ནམ་ཞིག་སྐྱེ་ངེས་པ་ལ་དགོངས་པའོ། །གང་ཟག་གི་བསམ་པ་ལ་དགོངས་པ་ནི་
སྦྱིན་པ་ཚམ་གྱིས་ཚོག་པར་འཛིན་པའི་བསམ་པ་ཅན་ལ། སྦྱིན་པ་ལ་དགམན་པར་བརྗོད་
ཅིང་ཚུལ་ཁྲིམས་ལ་བསྔགས་པ་ལྟ་བུའོ། །དེ་ཡང་དོན་གྱིས་སྦྱིན་པ་ལས་ཚུལ་ཁྲིམས་
འཕགས་པ་ཉིད་ཀྱང་ཡིན་ནོ། །དགོས་པ་ནི་རང་རང་གི་དོན་ཅན་ནོ། །ཡང་སྒྱུ་པོར་
དགོངས་པ་ཞེས་ཕལ་ཆེར་སྐུ་རྗེ་བཞིན་དུ་གཟུང་བྱ་མིན་པར་རྣམ་པ་གཞན་དུ་འགྲོ
པོར་བསྒྱུར་བའི་ཚུལ་ཅན་བཞི་ནི། གཞུག་པ་ལྡེམ་པོར་དགོངས་པ་ནན་ཐོས་པ་བསྟུན་
པ་ལ་རིམ་གྱིས་གཞུག་པའི་ཕྱིར། གང་ཟག་གི་བདག་མེད་ཀྱི་གཟུགས་སོགས་ཀྱི་ཚོས་
ཡོད་པར་གསུངས་པ་ནི་ཀུན་རྫོབ་དུ་ཡོད་པ་ཚམ་ལ་དགོངས་པའོ། །མཚན་ཉིད་ལྡེམ་
པོར་དགོངས་པ་ནི་མཚན་ཉིད་གསུམ་ལ་དགོངས་ནས་སམ། དོན་དམ་པ་ལ་དགོངས་
ནས་དོ་བོ་ཉིད་མེད་པ་དང་གདོད་ནས་སྐྱུ་ངས་ལས་འདས་པ་སོགས་སུ་གསུངས་པ་ལྟ
བུའོ། །གཉེན་པོ་ལྡེམ་པོར་དགོངས་པ་ནི་གདུལ་བྱ་གང་གི་རྒྱུད་ཀྱི་སྐྱོན་བྱ་བསལ་བའི་
ཕྱིར་བརྗོད་པ་སྟེ། སངས་རྒྱས་ལ་མཆོག་དམན་དུ་བཟུང་ནས་བསྐུས་པ་སྤྱོར་ཕྱིར་གོང་དུ
བཞད་པ་ང་སངས་རྒྱས་རྣམ་གཟིགས་སུ་གྱུར་ཏོ་ཞེས་པ་ལྟ་བུ་དང་། ཚོས་ལ་ཉེ་སྐྱོའི་
སྐྱམ་དུ་བརྐུས་པའི་གཉེན་པོར་སངས་རྒྱས་གང་གའི་ཀླུང་གི་བྱེ་མ་སྙེད་ལ་བསྙེན་བཀུར
བྱས་ན་གཟོད་ཐེག་ཆེན་གྱི་ཚོས་ལ་སེམས་པ་སྐྱེའི་ཞེས་རྟོགས་པ་ཐོབ་པ་ལ་དགོངས་ནས
གསུངས་པའོ། །

The implication of another intent due to necessity is like when the Teacher himself, implying equality, said: "At that time I was Buddha Vipaśyin."

The implication of another meaning is like the statement, "All phenomena are devoid of identity," or "There is no form, no sensation." These are not merely conventions, but imply the absolute.

The implication of another time is like the statement "By merely retaining the name of a certain buddha one will be reborn in his realm." This implies that one will at some time certainly be reborn there, although there is no certainty that one will take rebirth there as soon as the present life is over.

The implication of a person's inclination is like describing that generosity is inferior and praising discipline to a person who is inclined to hold only generosity as sufficient. In fact, discipline is indeed superior to generosity. The necessity involves individual purposes.

Indirect implication primarily involves not the literal sense, but refers obliquely to something else. There are four types.

Indirect teachings aimed at introducing people to the path are given to shravakas in order to introduce them to the teachings in a gradual way. They are taught in view of what exists on a relative level only, such as the statement that there is no self of person, but that the phenomena of form and so on do exist.

Indirect teachings on the nature of phenomena are taught in view of the three natures, or from the ultimate perspective. They include such teachings as those on the absence of inherent identity and teachings on primordial nirvāna.

Indirect teachings connected with antidotes are expressed in order to eliminate what should be relinquished from the mind streams of disciples. These are like the statement "I was Buddha Vipaśyin," which was said, as explained above, in order to relinquish a disparaging view based on perceiving a qualitative difference between the buddhas.

As an antidote to the disparaging view that the Dharma is easy to obtain, the Buddha said, "Understanding the teachings of the Mahayana dawns once one has worshipped buddhas equal in number to the grains of sand in the river Ganges."

བདག་གིས་ལམ་ལ་སྒྲིབ་མི་ནུས་སྐྱམ་པའི་ལེ་ལོ་ཅན་གྱི་ཆེད་དུ་བདེ་བ་ཅན་དུ་སྨོན་
ལམ་བཏབ་ན་དེར་སྐྱེའི་ཞེས་པ་ལྟ་བུ་གོང་ལྟར་དུས་གཞན་ལ་དགོངས་པ་དང་། དགེ་
བའི་རྩ་བ་ཆུང་ཟད་ཙམ་གྱིས་ཚོག་པར་འཛིན་པ་ལ་དེ་སྐྱེད་ནས་དགེ་རྩ་གཞན་བསྐྱེད་པ་
གང་ཟག་གི་བསམ་པ་ལ་དགོངས་པ་གོང་ལྟར་ཏེ་དེ་བཞི་དགོངས་པའི་སྒོ་ནས་བཟོད་
པའོ། །གཞན་ལ་དགོངས་པ་མིན་ཡང་གང་ཟག་དེའི་བསམ་པ་ཁོན་ལ་ལྟོས་ནས་སམ་
དགོངས་ནས། རིགས་གསུགས་འགྱུར་བ་སོགས་ཀྱི་ང་རྒྱལ་ཅན་ལ་ཞིང་གཞན་དང་གང་
ཟག་གཞན་གྱི་བསྒྱགས་པ་བརྗོད་པས་རང་ལ་དམན་པར་འདུ་ཤེས་པར་མཛད་པ་དང་།
ཟག་བཅས་ཀྱི་ཡུལ་ལ་འདོད་ཆགས་པའི་གཉེན་པོར་འཇིག་རྟེན་ལས་འདས་པའི་འགྲོ་
བ་ཁྱད་པར་དུ་བསྔགས་པ་དང་། ཡུལ་དམ་པ་ལ་གནོན་པ་སོགས་སྤྱིག་པའི་ལས་བྱས་
པས་འགྱོད་ནས་སེམས་རྟ་ཅང་གདུང་བ་ལ་སངས་རྒྱས་བྱང་སེམས་ལ་གནོན་པ་བྱས་ན་
བདེ་བར་འབྱེལ་ཞེས་གསུངས་པ། འཕགས་པའམ་ཉེས་པ་ཟད་ནས་ནམ་ཞིག་བདེ་བ་
བྱེད་པ་ལ་དགོངས་པ་དང་། བྱང་སེམས་མ་ངེས་པ་ཐེག་ཆེན་ལས་ལྟོག་འདོད་ཅན་ལ་
ཐེག་པ་གཉིག་ལས་མེད་ཅེས་གསུངས་པ། གནས་སྐབས་ཐེག་གསུམ་གྱི་འབྲས་བུ་སོ་
སོར་ཐོབ་པ་མེད་པ་མ་ཡིན་ཀྱང་མཐར་ཐུག་ལ་དགོངས་པ་སྟེ། དེ་ལྟར་ཐེག་པ་མཆོག་གི་
ཆོས་བསྟན་པས་བར་ཆད་ཀྱི་ཉེས་པ་དེ་ཐམས་ཅད་སྒྲིང་བར་འགྱུར་རོ། །གང་ཞིག་ཆོག་
བློ་ལ་འཛིན་པའམ་དེའི་དོན་ཡིད་ལ་བྱེད་པར་རབ་ཏུ་སྒྲིར་བའི་སྒྲོ་ནས་ཆོགས་སུ་བཅད་པ་
གཉིས་པའི་གཟུངས་ལས་གསུངས་པ་ལྟ་བུ།

For the sake of the lazy, who think, "I cannot train in the path!" the Buddha said that by praying for Sukhāvatī one will be reborn there. This was said, as before, with a view to another time.

Then for the benefit of those who are satisfied with only a trifling root of virtue, the Buddha belittled that virtue and praised another. This was said with a view to people's inclinations, as stated earlier. These four are expressions made based on a certain intention.

Then in consideration of individuals' attitudes, but not based on any other intention, in front of people who were proud of their caste, beauty and wealth and so on, the Buddha praised others, so that they might develop humility.

As an antidote to the attachment to defiled objects, he praised the superiority of supermundane riches.

To those overcome with grief and remorse at having committed misdeeds like harming a sublime being he taught how even harming buddhas and bodhisattvas establishes a positive connection. This was taught in view of the pleasure that is produced once a confession is made or a fault is exhausted.

For those indeterminate bodhisattvas wishing to turn away from the Mahayana, it was taught that there is only a single vehicle. This was said in view of the ultimate, and does not imply that on a provisional level there are no results for each of the three vehicles.

Through the Dharma of the supreme vehicle taught in that way all such obstructing faults will be overcome. Such was said in the *Two Verse Dhāraṇī*, applying to someone who memorizes the following phrase, or brings its meaning to mind:

[Disparaging buddhas and the Dharma,
Laziness and satisfaction with a trifling,
Attachment and behaving arrogantly,
Regret and the turning away of the indeterminate—

These have become obstructions for sentient beings.
Through the sublime vehicle taught as their antidotes
The faults of these obstacles
Will be fully relinquished.]

གཉེན་པོ་བརྒྱད་སྐྱོན་པའི་ཚོགས་བཅད་གཉིས་པོ་དེ་ཚམ་ཞིག་བཟུང་ན། སེམས་ཅན་
རྣོ་གྲོས་དང་ལྡན་པ་མ་ཚོགས་དེས་ཡོན་ཏན་རྣམ་པ་བཅུ་འཐོབ་པར་འགྱུར་ཏེ། གང་ཞིན་
རིགས་ཀྱི་ཁམས་རྟོགས་པར་བརྡས་པ་དང་། འཕོ་བའི་ཚེ་རབ་ཏུ་དགའ་བའི་མཚོག་ཐོབ་
པ་གཉིས་མཐོང་ཚོས་ལ་འབྱུང་བའི་ཡོན་ཏན་དང་། མ་མཐོང་བ་ཕྱི་མར་འབྱུང་བ་བརྒྱད་
ནི། རྗེ་སྤྲར་འདོད་པ་བཞིན་དུ་སྐྱེ་བའི་ལུས་ཕུན་སུམ་ཚོགས་པ་དང་། སྐྱེ་བ་ཀུན་ཏུ་ཚེ་
རབས་དྲན་པའི་བསམ་པ་ཕུན་སུམ་ཚོགས་པ་དང་། སྨོན་པ་ཕུན་སུམ་ཚོགས་པ་སངས་
རྒྱས་རྣམས་དང་འཕྲད་པ་སྟེ་ལམ་གྱི་རྟེན་གསུམ་དང་། ལམ་ནི་སངས་རྒྱས་དེ་ལས་
ཐེག་པ་མཚོག་གི་ཚོས་ཐོས་པ་དང་། ཐེག་པ་དེ་ལ་མོས་པ་གང་ཞིག་དོན་རྣམ་པར་དེས་
པའི་རྣོ་གྲོས་དང་བཅས་པ་འབྱུང་བ་དང་། དག་པའི་སར་ཏིང་ངེ་འཛིན་གྱི་སྐྱོ་ཆད་མེད་པ་
ཐོབ་པ་དང་། གཟུངས་ཀྱི་སྐྱོ་ཆད་མེད་པ་ཐོབ་པ་དང་། མཐར་ཐུག་བྱང་རྒྱུབ་ཆེན་པོ་མྱུར་
དུ་ཐོབ་པའོ། །དེ་སྤྲར་དམ་པའི་ཚོས་ཀྱི་ཚོགས་བཅད་གཉིས་བཟུང་བའི་ཡོན་ཏན་ཀྱང་
འདི་སྤྲར་རྒྱ་ཆེན་གཞན་དུ་སྤྲ་ཅི་སྨྲོས་ཏེ་ཚོས་མཐའ་དག་འཛིན་པ་དང་དེའི་དགོངས་པ་
ལེགས་པར་ཕྱི་བ་ལ་མཁས་པའི་ཡེ་ཤེས་བསྐྱེད་པར་བྱའོ། །བསྒྲུར་བ་ཐྱིམ་པོར་དགོངས་
པ་ནི། སུ་སྐྱེགས་སོ་གས་ཁ་ཅིག་གིས་སངས་རྒྱས་ཀྱི་གསུང་རབ་རྟོགས་པར་སྣྲའི་ཞེས་
དམན་པར་འཛིན་པ་སོགས་ལྤྲོག་པའི་ཆེད་དུ་བརྡ་གཞན་དུ་བསྒྱུར་ནས་ཐྱིམ་དགོངས་
ཀྱིས་

It is said that were one to commit to memory these two verses teaching the eight faults, such a supremely intelligent person would obtain ten qualities. What are they?

1. The potential of buddha nature will fully develop.
2. At the time of death, one will obtain a supreme state of rapture

These two are qualities that emerge as tangible phenomena in the same lifetime.

There are also eight intangible phenomena that emerge in future lives. These are:

3. An excellent body born according to one's wish,
4. The excellent recollection of all one's past lives, and
5. An excellent teacher, encountering the buddhas.

These are the three supports for the path.
As for the path:

6. One will receive the teachings of the supreme vehicle from a Buddha.
7. One will become interested in that vehicle, and in conjunction with that interest, acquire a profound intelligence capable of fully ascertaining its meaning.
8. One will obtain limitless doors to meditative samadhi on the pure bhumis.
9. One will obtain limitless doors of retention.
10. Ultimately, one will swiftly attain great enlightenment.

If even the qualities of memorizing two verses of the sublime Dharma are as extensive as this, then there is no need to mention the rest of the Dharma. Therefore, one should develop the wisdom of retaining the whole of the Dharma and being learned in finely discerning its intent.

Indirect teachings expressed in metaphors are indirect teachings expressed metaphorically in order to counter the disparaging perception of certain non-Buddhists and others who maintain that the Exalted

བསྐུན་པ་རྗེ་སྐྱད་ནབད་པ་ལས་དོན་གཞན་དུ་ཤེས་པར་བྱ་བ་དཔེར་ན། སྐྱིང་པོ་མེད་ལ་སྐྱིང་པོར་ཤེས། །ཉོན་མོངས་པས་ནི་རབ་ཉོན་མོངས། །ཕྱིན་ཅི་ལོག་ལ་ལེགས་པ་གནས་ན། །བྱང་རྒྱབ་དམ་པ་འཐོབ་པར་འགྱུར། །ཞེས་གསུངས་པ་ལྟ་བུ་སྟེ། འདི་ཅི་ལ་དགོངས་པའི་དོན་ནབད་ན། ས་ར་ཞེས་པ་སྐྱིང་པོ་དང་རྣམ་གཡེང་གཉིས་ཀ་ལ་འཇུག་པས་སེམས་ཀྱི་བསྒྲུབ་པ་རྣམ་གཡེང་མེད་པ་ལ་ནན་ཏན་སྐྱིང་པོར་ཤེས་ནས་འབད་པ་དང་། ཆོས་ཁྲིམས་ཀྱི་བསྒྲུབ་པ་བགྱི་བར་དགའ་བའི་ཉོན་མོངས་ཅན་ནེས་ཉོན་མོངས་པར་བྱས་པ་དང་། གཏོང་བའི་རྟག་བདག་ཏུ་འཛིན་པ་ལས་ཕྱིན་ཅི་ལོག་ཏུ་གྱུར་པའི་ཤེས་རབ་ཀྱི་བསྒྲུབ་པ་ལ་ལེགས་པར་གནས་ན་རྒྱུ་ནེས་བྱང་རྒྱབ་དམ་པ་འཐོབ་པར་འགྱུར་ཞེས་བྱིས་པོར་དགོངས་པ་ཡིན་པ་དེ་བཞིན། ཐ་དང་མ་ནི་གསད་བྱ་ཞིང་། །ཞེས་པ་སྦྱིན་པ་དང་མ་རིག་པ་སྦྱིང་བ་ལ་དགོངས་པ་སོགས་དེ་འདུ་བའི་རིགས་ཅན་ཐམས་ཅད་བསྒྱུར་བ་བྱིས་དགོངས་ཞེས་བྱའོ། །དེ་ལྟར་དགོངས་བྱིས་དགོངས་ཀྱི་ཚུལ་བསྟན་པ་འདིས་མཆོན་ནས་གསུང་རབ་གང་གི་བསྐུན་དོན་ལ་དགོངས་གཞི་དགོས་པ་དངོས་ལ་གནོད་བྱེད་གསུམ་ཡོད་པའི་དུང་དོན་དང་། དེ་ལས་བཟློག་པ་མཐར་ཐུག་དཔྱོད་པའི་རིགས་པས་གྲུབ་པ་རྣམས་ངེས་དོན་དུ་ཤེས་པར་བྱ་ཞིང་། གཞན་ཡང་གདུལ་བྱ་འདུལ་བའི་དགོས་པའི་དབང་ཁོ་ནས་གསུངས་པ། སྟོན་པ་ཉིད་ཀྱིས་ང་རྒྱབ་ནའི་ཞེས་གསུངས་པ་ལྟ་བུ་ལ་སོགས་པ་ལས་ཀྱི་རྒྱུད་བཅུ་བསྟན་པ་དང་འདུ་བ་རྣམས་ནི་སྐྲ་རྗེ་བཞིན་དུ་མ་ཡིན་ཏེ། སངས་རྒྱས་ལ་ལས་དང་ལྲག་བསྒལ་གྱི་ཉེས་པ་རྩད་ནས་མི་མངའ་པོར་གདུལ་བྱ་འདུལ་བའི་དབང་གིས་ཚུལ་བསྟན་པའི་དགོས་ཅན་དུ་

Word of the Buddha is easy to understand. The meaning to be under-
stood is other than that expressed literally. For example, it is said:

> One should know the essence in the essenceless.
> One should be thoroughly afflicted by the afflictions.
> If one can perfectly abide in the perverse,
> One will attain sublime enlightenment.

To explain what the intended meaning behind this is, it was said with
the following indirect intention in mind: the Sanskrit terms "*sāra/
sara*" are applicable to both "essence" and "movement." Therefore, one
should exert oneself diligently in mental training, understanding the
essence to be an absence of wavering. One should also be "afflicted" by
the afflictions of hardship while training in discipline. One should also
perfectly adhere to training in wisdom, which is "perversely" opposite
of clinging to purity, pleasure, permanence and self. With this as the
cause "one will attain sublime enlightenment."

Similarly, in the *Udānavarga* it is said:

> Father and mother should be slain.

The intention behind this is that craving and ignorance are to be relin-
quished. All such similar statements are known as "indirect teachings
expressed in metaphors."

As illustrated by these implied and indirect styles of teaching, any
content among the Exalted Word behind which there is an ulterior
intention, purpose, or that problematizes actual fact, is of expedient
meaning. On the contrary, all statements established by the reason-
ing that scrutinizes the ultimate should be understood as definitive in
meaning.

Moreover, statements made exclusively with the purpose of tam-
ing disciples are not literal. Such include all the statements similar to
the teachings demonstrating the ten continua of karmic action, such
as when the Buddha said "My back hurts," and the rest. Buddha was
indeed utterly without the faults of karma and suffering. Yet, out of
the intention to tame disciples he had the intention of pretending as

གསང་བ་བསམ་གྱིས་མི་ཁྱབ་པའི་མདོ་ལས་གསུངས་པ་ལྟར་ཤེས་པར་བྱ་ཞིང་གཞན་
ཡང་ཐེག་པ་གོང་འོག་གི་བསྟན་དོན་རྣམས་ཀྱི་ཁྱད་པར་ཤེས་ནས་མཐར་ཐུག་གི་དོན་
ལ་འཇུག་པར་བྱའོ། །དོན་ནི་ལྷ་བུའི་ཕྱིར་ན་དང་དོན་ལ་མི་རྟོན་ངེས་དོན་ལ་རྟོན་པར་
བྱའོ། །ངེས་པའི་དོན་དེ་ལའང་དོན་གྱི་སྤྱི་ཚམ་འཛིན་པ་རྣམ་པར་རྟོག་པའི་སྤྱོད་ཡུལ་དུ་
གྱུར་པ་དང་། རང་མཚན་བརྟོད་དུ་མེད་པ་སོ་སོ་རང་རིག་པ་རྣམ་པར་མི་རྟོག་པའི་ཡེ་
ཤེས་ཀྱི་སྤྱོད་ཡུལ་དུ་གྱུར་པ་གཉིས་ཡོད་པ་ལས། དགག་པ་དང་སྒྲུབ་པ་ཡོད་པ་དང་
མེད་པ་ལ་སོགས་པའི་མཐའ་ཡི་དམིགས་པ་ལ་གནས་པ་དེ་སྤྱིད་དུ་རྣམ་ཤེས་ཀྱི་ཡུལ་
ལས་མ་འདས་ལ། དགག་སྒྲུབ་བསལ་བཞག་མེད་པར་ཚོས་ཉིད་བཞིན་དུ་གཟུང་འཛིན་
གྱི་སྤྱོས་པ་ཉེ་བར་ཞི་བའི་དོན་མངོན་པར་གསལ་བའི་དུས་ན་ཡེ་ཤེས་ཀྱི་སྤྱང་བ་དང་
པ་ཐོབ་སྟེ་ཚོས་ཀྱི་གཏིང་སྤྱབ་པ་ཡིན་པས། རྣམ་ཤེས་ལ་མི་རྟོན་ཡེ་ཤེས་ལ་རྟོན་པར་
བྱའོ། །ཇི་སྐད་བཤད་པ་ལྟར་རྟོན་པ་བཞི་དང་ལྡན་ནའོ་མ་ལས་མར་དང་། མར་ལས་
མར་གྱི་ཉིང་ཁུ་ཡིན་པ་ལྟར་དེ་བཞིན་གཤེགས་པའི་གསུང་རབ་ཀྱི་དགོངས་པ་མཐར་ཐུག་
པ་ཁོང་དུ་ཆུད་ནས་རང་བྱུང་ཡེ་ཤེས་ཀྱི་སྣུང་བ་མཁའ་དང་མཉམ་པ་ལ་དབང་འབྱོར་བས་
སྤྱོབས་པའི་གཏེར་ཆེན་པོ་བཀྱུད་གྲོལ་བར་འགྱུར་ཏེ། གང་ཞེན། རྒྱུ་ཆེར་རོལ་པ་ལས།
བརྟེད་པ་མེད་པས་དྲན་པའི་གཏེར་དང་། བློས་རབ་ཏུ་འབྱེད་པས་བློ་གྲོས་ཀྱི་གཏེར་དང་།
མདོ་སྡེ་ཐམས་ཅད་ཀྱི་དོན་གྱི་རྣམ་པ་ཁོང་དུ་ཆུད་པས་རྟོགས་པའི་གཏེར་དང་། ཐོས་པ་
ཐམས་ཅད་ཀུན་ཏུ་འཛིན་པས་གཟུངས་ཀྱི་གཏེར་དང་། ལེགས་པར་བཤད་པས་སེམས་
ཅན་ཐམས་ཅད་ཚིམ་པར་བྱེད་པས་སྤྱོབས་པའི་གཏེར་དང་།

though he did have these faults. Such should be understood according to what he said in the *Sūtra of Inconceivable Secrets*. In addition, understanding the difference between the content taught by the higher and lower vehicles, one should engage in the ultimate meaning. This is why it is said, "Do not rely on the expedient meaning, but on the definitive meaning."

Even in terms of the definitive meaning, it can either be the apprehension of a mere universal belonging to the conceptual sphere, or it can be the individual self-awareness of an inexpressible, specifically characterized phenomenon belonging to the sphere of non-conceptual wisdom. From among them, as long as one adheres to the extreme reference points of negation and affirmation, existence and non-existence and so on, one does not transcend the realm of conceptual cognition. But when one has obtained the sublime appearance of wisdom, when there has clearly manifested the goal of the total pacification of dualistic conceptual constructs, in accordance with the nature of reality, free of negation and affirmation, rejection and acceptance, then one has plumbed the depths of the Dharma. Therefore it is said, "Do not rely on conceptual cognition, but on wisdom."

When one possesses these four reliances just as they were explained, then just as butter is extracted from milk and butter-cream is in turn extracted from butter, one will comprehend the ultimate intent of the Thus-gone-one's Exalted Word, and then gain mastery over self-arisen wisdom appearances as vast as space. Through this, the eight treasures of eloquence will unfold. What are they? It is said in the *Lalitavistara*:

> Through not forgetting, the treasure of recollection,
> Through mentally discerning, the treasure of doctrinal
> intelligence,
> Through comprehending the form of all sūtra collections,
> the treasure of understanding,
> Through fully recollecting all that was learned, the treasure
> of retention,
> Through satisfying all sentient beings with eloquent
> exposition, the treasure of ready speech,

དམ་པའི་ཆོས་ཡོངས་སུ་སྨྱུང་བས་ཆོས་ཀྱི་གཏེར་དང་། དཀོན་མཆོག་གསུམ་གྱི་རིགས་
རྒྱུན་མི་གཅོད་པས་བྱང་ཆུབ་སེམས་ཀྱི་གཏེར་དང་། མི་སྨྲེ་བའི་ཆོས་ལ་བརྟེན་པ་ཐོབ་
པས་སྒྲུབ་པའི་གཏེར་ཏེ་གཏེར་ཆེན་པོ་བརྒྱད་པོ་དེ་དག་འཐོབ་པར་འགྱུར་རོ། །ཞེས་
གསུངས་པ་ལྟར་གཏེར་བརྒྱད་དང་ལྡན་པའི་སྒྲིབས་པ་སོ་སོ་ཡང་དག་པར་རིག་པ་ཐོབ་
པའི་སྐྱེས་བུ་དེས་སངས་རྒྱས་ཀྱི་ཆོས་འཛིན་ཞིང་སེམས་ཅན་རྣམས་ལ་བླང་དོར་སྟོང་བར་
བྱེད་ལ་མཐར་གྱིས་བླ་ན་མེད་པའི་སངས་རྒྱས་སུ་འགྱུབ་པར་འགྱུར་བ་ཡིན་ཏེ། རྒྱས་
པར་དོན་རྣམ་པར་ངེས་པ་ཞེས་རབ་རལ་གྱི་ལས་རྟོགས་པར་བྱའོ། །སོ་སོ་ཡང་དག་པར་
རིགས་པ་བཞིའི་སྐབས་སོ།། །།

Through fully protecting the sublime Dharma, the treasure
   of Dharma,
Through not severing the family line of the Three Jewels,
   the treasure of awakened mind,
And through attaining forbearance in the Dharma of non-
   origination, the treasure of accomplishment—
One will attain these eight great treasures.

Accordingly, a being who has attained the right discrimination of ready speech endowed with the eight treasures will uphold the Buddha's teachings, illuminate for sentient beings what should be adopted and abandoned, and ultimately establish them in unexcelled buddhahood. One should understand this point in greater detail from the *Sword of Insight for Fully Ascertaining Reality*.

This concludes the section on right discrimination. [23,2]

དེ་ལྟར་མཁས་བུའི་གནས་བཅུ་དང་། སྟོམ་བཞི་དང་། སོ་སོ་ཡང་དག་རིག་པ་བཞི་
ལེགས་པར་གཏན་ལ་ཕབ་སྟེ། བདག་པ་འདིས་བསྟན་བཅོས་ཀྱི་ལུས་ཡོངས་སུ་རྫོགས་
པ་ཡིན་ལ། འདི་ནི་རྒྱལ་བའི་གསུང་རབ་མཐའ་དག་གི་དགོངས་འགྲེལ་དུ་མ་མེད་པ་
སྐལ་བཟང་སྐྱེ་བོའི་འཇུག་ངོགས་དག་པ་ཡིན་པས་གུས་ཞིང་ནན་ཏན་གྱི་བརྟོན་པས་
བཟུང་བར་བྱས་ན་གནས་སྐབས་དང་མཐར་ཐུག་གི་ཡོན་ཏན་མི་ཟད་པ་འཐོབ་པར་འགྱུར་
རོ། །ཅིའི་ཕྱིར་བསྟན་བཅོས་འདི་ལ་མཁས་པའི་ཚུལ་ལ་འཇུག་པའི་སྒོ་ཞེས་བྱ་ན། ཐོས་
བསམ་སྒོམ་པ་ལས་བྱུང་བའི་ཡང་དག་པའི་ཚོས་ཀྱི་སྣང་བ་ཐོབ་པས་མཁས་ཤིང་། ཚོས་
བཞིན་བྱེད་པ་བསྒྲུབ་པ་གསུམ་གྱི་ཡོན་ཏན་དང་ལྡན་པས་བཙུན་པ་དང་། བསྟན་འགྲོར་
ཕན་པ་བཟང་བའི་ཕྱིན་ལས་སྤྱན་པ་མཁས་པ་རྣམས་ཀྱི་ཚུལ་ནི་མཛོར་བསྟུན། བདག་
སྐྱབ་ལས་གསུམ་གྱི་བདག་ཉིད་ཅན་གྱི་འཁོར་ལོ་གསུམ་དང་ལྡན་པ་ཡིན་ལ། ཚུལ་དེ་
ལྟ་བུ་ལ་ཐོག་མར་འཇུག་པའི་སྒོ་མ་ནོར་བ་ནི་གཞུང་འདི་ཉིད་ལ་ཐོས་བསམ་བྱེད་པ་ཡིན་
པས་དེ་སྐད་ཅེས་བྱ་སྟེ། གསུང་རབ་དགོངས་འགྲེལ་དང་བཅས་པའི་ཐབ་ཅིང་རྒྱ་ཆེ་བའི་
དོན་གྱི་གནད་མཐའ་དག་ཚིག་ཤུང་དུས་བའི་སྒྲག་དུ་གསལ་པོར་སྟོན་བྱེད་ཀྱི་གཞུང་ཆུང་
པར་ཙན་དུ་བློ་གྲོས་ཀྱིས་རྟོགས་ནས་སྒྱུར་བ་ཞེས་བུ་མཐའ་དག་གི་མཛོད་ཐེག་པ་ཆེན་པོའི་
ཚོས་མཛོན་པའི་གཏེར་དུ་གྱུར་པ་འདི་ཉིད་ལེགས་པར་རྟོགས་ན།

EPILOGUE

In this way, I have set down and explained well the ten topics of learnedness, the four seals and the four right discriminations. Thereby, the main body of the treatise is fully completed.

This treatise is a flawless commentary on the intent of the entire Exalted Word of the Victorious One, a sublime entrance gate for people of this good eon.

Therefore, if you try to comprehend it with respect and persistent diligence, you will attain inexhaustible temporary and ultimate qualities.

Why is this treatise called *Gateway to Knowledge*? It is because you become "knowledgeable" through achieving the light of the perfect Dharma resulting from learning, reflection and meditation; "pure" by possessing the qualities of the three trainings of practicing the Dharma correctly; and endowed with the "excellent" activities of bringing benefit to the teachings and to sentient beings.

The way of those who possess knowledge is, in brief, to be endowed with the threefold wheel, the embodiment of the triad of teaching, practicing and activity.

The unmistaken "gateway" to initially "entering" such a way is to study and reflect upon this treatise itself. That is the reason for its title.

This special treatise that demonstrates concisely, comprehensibly and clearly all the key points of the profound and extensive content of the Exalted Word and its commentaries was composed after I understood these via doctrinal intelligence. It is a treasury of all topics of knowledge and a precious mine for the Abhidharma of the Mahayana.

འཆད་ཚུལ་ཚོམ་གསུམ་ལ་ཐོགས་པ་མེད་པས། རྒྱལ་བའི་བསྟན་པ་གསལ་བར་བྱེད་
ཅིང་། དེ་ལ་བརྟེན་ནས་འགྲོ་བ་ཐམས་ཅད་ཀྱི་ཐར་བདེའི་དོན་རྒྱ་ཆེན་པོ་འགྲུབ་པའི་ཡོན་
ཏན་གྱི་བསྒྲགས་པ་ཆད་མེད་པའི་དཔལ་ལ་དབང་འབྱོར་བར་འགྱུར་རོ། །སོ་སོ་ཡང་
དག་རིག་པ་བཞི་ཡི་མཛོད། །རྒྱལ་འདིར་བརྟེན་ན་འབད་པ་ཆུད་དུས་ཀྱང་། །ཐབ་
ཅིང་རྒྱ་ཆེ་ཆོས་ཀྱི་སྦྱང་བ་ལ། །སྲུ་མཐའ་མེད་པར་རོལ་ཞིང་དགའ་བར་འགྱུར། །རྟེད་
བགྱུར་གྱུགས་འདོད་སོགས་ཀྱིས་མ་བསྐྱེད་པར། །བསྟུན་ལ་དད་ཕྱིར་གཞན་ལ་ཕན་
པའི་ཕྱིར། །དམ་ཆོས་གཟུང་ཕྱིར་ལྷ་མཆོག་མཉེས་པའི་ཕྱིར། །ལེགས་པར་སྦྱར་
འདིས་བསྟན་འགྱུར་ཕན་གྱུར་ཅིག །འདི་འཇིན་རྣམས་ཀྱི་ཡིད་ལ་འཇམ་པའི་དབྱངས།
ཞུགས་ནས་གཟུངས་སྤོབས་བློ་གྲོས་མཆོག་ཐོབ་ཅིང་། །འདི་ཡི་དགེ་བས་མ་ལུས་འགྲོ་
བ་ཀུན། །མཁྱེན་རབ་བདག་པོའི་གོ་འཕང་འགྲུབ་གྱུར་ཅིག །བདག་ཀུང་ཀླུ་མེད་བྱང་
རྒྱུབ་ཐོབ་ཀྱི་བར། །ཚེ་རབས་ཀུན་ཏུ་ཐབ་ཅིང་རྒྱ་ཆེ་བའི། །བློ་གྲོས་མཆོག་ལྡན་རྒྱལ་
བས་རྗེས་སུ་བཟུང་། །ཐེག་ཆེན་དམ་ཆོས་མཐའ་དག་འཇིན་གྱུར་ཅིག །བདག་དང་ཆོས་
འདིར་འབྲེལ་བ་ཐོབ་པ་རྣམས། །སྐྱེ་ཀུན་ལུས་སེམས་རྡོ་རྗེ་ལྟ་བུ་ཐོབ། །

If you understand it well you will be unhindered in exposition, debate and composition and thereby be able to clarify the teachings of the Victorious One.

Based on that, you will gain mastery over the infinitely praised splendor of qualities for accomplishing the vast purpose of benefit and wellbeing for all sentient beings.

The treasury of the four right discriminations—
If you rely on their manner, even with minor effort
You will enjoy and delight infinitely
In the resplendence of the profound and vast Dharma.

Uncorrupted by desire for gain, honor and fame,
Out of faith in the teachings and for the welfare of others,
In order that the sublime Dharma be upheld, and to the
    supreme deity,
This was eloquently composed. May it benefit the doctrine
    and beings!

May Mañjushri enter the minds of those who learn this
    book, so that
They attain eminent retention, eloquence and doctrinal
    intelligence!
By this virtue may all beings
Attain the state of the Lord of Supreme Knowledge!

May I too, until attaining unexcelled enlightenment,
Possess throughout all lifetimes eminent doctrinal
    intelligence of the profound and vast!
May I throughout all lifetimes be accepted by the victorious
    ones,
And uphold all the sublime teachings of the Mahayana!

May everyone who acquires a connection to me and to this
    teaching
Attain a vajra-like mind and body throughout all rebirths!

བདུད་དང་བར་ཆད་ཀུན་ལས་རྣམ་རྒྱལ་ཏེ། །དོན་གཉིས་ལྷུན་གྲུབ་བཀྲ་ཤིས་བདེ་
ལེགས་ཤོག །ཅེས་པའི་གཞུང་འདི་ཉིད་སྲ་མོ་ནས་བྲི་འདུན་ཡོད་པས་རྩོམ་གཞིའི་
ས་ཁོངས་ཚ་བགྱིས་ནས། ལོ་སྟོར་གཉིག་ལྷག་བཅས་ཀྱི་བར་དུ་འགྱངས་ལ། ཕྱིས་
སུ་ནད་སོགས་གཞན་དབང་གིས་ལུས་པར་དོགས་པ་ཡིད་ལ་གཅགས་པའི་ཚིག་སྐུལ་པ་
ཐོས་ནས། རང་དང་ལྷུན་ཅིག་གནས་པ་ཤེས་རབ་འོད་གསལ་གྱིས་བསམ་པ་བཟང་པོས་
ནན་ཏན་བསྐུལ་བ་ལ་སྐྱིང་བརྩེ་བས། ནད་ཀྱིས་མནར་བ་བཟོད་པར་དཀའ་ཡང་བཙོན་
པ་བསྐྱེད་དེ་སྐུ་སྟོང་བཀྲ་ཤིས་ཚོས་སྐྱིང་དུ་ལྷགས་སྒྲུང་ནག་པ་ཪྩ་བར་མ་ཁས་བུའི་གནས་
བཅུ་ཚང་བར་གྲུབ་ཅིང་། སྣ་ཡང་དུ་དམ་དུ་སྐྱིབས་ནས་མཁྱེན་རབ་དང་ལྷུན་པ་དགུ་
རང་སྤྱལ་པའི་སྨྲས་དཔར་དུ་སྐྲུབ་བཞིད་ཀྱིས་སྲུ་མའི་འཕོས་ཚོམ་པར་བསྐུལ་བ་སོགས་
ཀྱི་ཀྱེན་ལས་བཤད་སྐྲུབ་ཚོས་ཀྱི་སྲུ་ཆེན་པོ་རུ་དམ་རྟོགས་ཆེན་པ་ཨོ་རྒྱན་བསམ་གཏན་
ཚོས་སྐྱིང་གི་བླ་བྲང་རྗེར། ཕྱིན་ལས་དོན་ཡོད་ཞགས་པས་བསྐུན་འགྲོའི་དགོ་མཆན་
རྣབས་པོ་ཆེ་སྒྲུད་པ་རྟོགས་ཆེན་མཚོག་སྤྱལ་ལ་རེ་པོ་ཆེའི་བཞུགས་གནས་ཀྱི་ཁང་
བཟང་བཀྲ་ཤིས་ཉིན་མོར་བྱེད་པའི་བསྟི་གནས་སུ། མཁས་གྲུབ་རྒྱལ་པོ་ལྕྲ་མ་མཆོག་
གིས་དོན་གྱི་རྒྱ་མཚན་བཞི་དང་འབྲིལ་བར་མིང་དུ་གཆང་བ་མི་ཐམ་འཇམ་དབྱངས་རྣམ་
རྒྱལ་རྒྱ་མཚོ་ཞེས་གྲགས་པས། རབ་དཀར་བཀྲ་ཤིས་བརྒྱུད་ཀྱི་སྐྱེ་བས་མཛེས་པ་དགེ་
བྱེད་ཅུ་སྒྲུག་གསར་ཚོས་རྒྱ་སྐྱར་བདག་པོ་དེ་མའི་ལྷ་ལྷུན་གྱི་ན་བའི་དཀར་ཕྱོགས་ཀྱི་
དགའ་བ་གསུམ་པ། རྒྱལ་དང་ཕྱར་བུའི་འགྲུབ་སྦོར་བཟང་པོ་དང་ལྷུན་ཞིང་། ཡུལ་
དུས་ཀྱི་དགེ་མཚན་དུ་མ་གསར་དུ་ཏོམས་པ་ལ། ཡོངས་སུ་གྲུབ་པར་བགྱིས་པ་འདིས་
རྒྱལ་བའི་བསྟན་པ་རིན་པོ་ཆེ་ཕྱོགས་དུས་ཀུན་ཏུ་འཕེལ་ཞིང་རྒྱས་པར་གྱུར་ཅིག །མངྒ་
ལྃ།། ।།

May they conquer demons and obstacles
And have the auspicious goodness of spontaneously
accomplishing the twofold benefit!

Previously I had the wish to write this text and therefore created only a rough outline before putting it off for over a year. Subsequently, there was talk expressing disappointment and concern that since I was overpowered by illness and the like I might leave the text unfinished. Hearing of such talk, Sherap Ösal, who lives together with me, vehemently urged me out of his positive intentions. Out of compassion, I summoned my energies despite the difficulties of enduring the pangs of illness. I thus completed the ten topics of knowledge in the third month of the Iron Ox year (1901) at Gatö Tashi Chöling.

Later still, after I arrived in Rudam, the supremely wise Gurong Tulku conceded to print the text and thus urged me to compose an addendum to the previous version. For this and other reasons, the one known as Mipham Jamyang Namgyal—a name assigned by the scholar and adept Gyalpo Lachok in connection with four concrete reasons—completed this text at the navel of Auspicious Sunlight chamber, the abode of precious Dzogchen Choktrul the Fifth—gatherer of the virtuous signs for the doctrine and beings with the lasso of his all-accomplishing activity—at the top of the religious estate of Rudam Dzogchenpa Orgyan Samtan Ling, in the large community of Shedrup Chö, on the 11th day of the waxing moon endowed with the auspicious conjunction of Castor and Jupiter, in the 1st month, under the constellation ruled by the sun god, at the beginning of the Water Tiger year (1902) of Geche adorned with the marks of the eight auspicious signs of virtue, amidst the satisfaction of numerous spatial and temporal marks of virtue. Through this composition may the precious doctrine of the Victorious One spread and develop throughout all directions! Mangala

Acknowledgements

It is with incredible joy that Rangjung Yeshe Publications is able to offer the final volume of translation of Mipham Rinpoche's great treatise the *Gateway to Knowledge*. This work was coincidentally completed 108 years after the original text was composed. Many sincere thanks go to James Gentry, who undertook to correlate, compile and translate the remaining folios that comprise this last volume. Sincere gratitude is offered to Adam Pearcy who graciously allowed us to reference and use some of his translations on the Kenjug that appear on Lotsawa House website.

Hats off to Erik Pema Kunsang who undertook this total project. Out of his love for Chokyi Nyima Rinpoche, he completed volumes I, II & III and a good deal of volume IV. Rinpoche felt the importance of such a work for future students, translators and scholars of Tibetan Buddhism. Due to Rinpoche's initial and unceasing encouragement, we have this book today.

Without the generosity of George MacDonald, this volume would not exist. Sincere gratitude goes to him for sponsoring the translating and typesetting. Additional thanks go to Lea Ortet for her book design and meticulous typesetting of the Tibetan and English texts; to Dr. David Fiordalis for correcting the section on Sanskrit; to future Khenpo Ryan Kishore for reworking chapters twenty-nine and thirty; and to the overall proofreader, Alex Yiannopoulos who takes care to correlate words and meaning.

Since the final work to produce this book fell upon me, I must apologize in advance for any mistakes in this edition. I am unlearned in these topics and out of my element with this material, so please be forgiving.

May Western Countries see scholars and practitioners reach the level of the author, Mipham Rinpoche in our lifetime.

Marcia Schmidt for Rangjung Yeshe Publications

Printed in the USA
CPSIA information can be obtained
at www.ICGtesting.com
JSHW012037140824
68134JS00033B/3121

9 789627 341680